新手父母

【暢銷修訂版】

女の子を伸ばす母親は、ここが違う!

媽媽這樣做 女孩會不同

松永暢史——著
吳怡柔——譯

作者的話

小女孩蹲在路邊一直沒有跟上來，我靠近一看，原來她正對著眼前一株盛開的紫羅蘭說話。這株紫羅蘭的確長得漂亮又惹人憐愛，小女孩突然回過神來，發現我站在身邊，她拉著我伸出的手站了起來，跟花兒說：「再見囉，掰掰！」

「你剛剛在那邊做什麼？」「我剛剛在跟小花講話啊！」「喔，那你跟他說了什麼呢？」「我稱讚他很可愛。」「那小花有說什麼嗎？」「他說我也長得很可愛喔！」

能夠與植物對話——光是這件事，就有百分之九十九的男性做不到，不只如此，在擁有自己的小孩之前，好像有許多男性都無法發自內心覺得嬰兒可愛；不過對於女孩而言，這樣的感受性就像是與生俱來一般，在非常早的時期就已經具備。

婦女解放、女性主義，還有近年來推動的男女性別平等，這個社會在轉眼間已經改變了，女性踏出社會工作已經不足為奇。為了達到這個目的，女性認真學習，取得高學歷或是通過資格考試等努力是必要的。

然而，這些努力都與「女性特質」毫無關聯，能夠與植物對話的能力也不列入評分。我們可以說屬於女性的時代現在正式來臨了，正因如此，今後的女孩教育裡，反而是如何讓女孩保有女性特質成長這件事，會變得越來越重要。

《媽媽這樣做，女孩會不同》這本書，在二〇〇六年年底由扶桑社出版，很幸運的受到廣大讀者的喜愛，本書與之前發行的《媽媽這樣做，男孩會不同》一書，共創五十萬本的銷售佳績，成為暢銷書。

這次，承蒙扶桑社厚愛，「希望可以讓更多的讀者看見這本書」，因此決定以文庫本的形式重新發行，此舉讓身為筆者的我感到非常欣慰，在文庫本發行的前夕，我增減修正了部分內容，如果有幸能夠讓更多育兒中的家長閱讀本書，並且或多或少能給各位一些啟發、參考的話，我倍感榮幸。

松永暢史

前言

幸福的力量

上一本著作《媽媽這樣做，男孩會不同》受到廣大讀者的喜愛，能夠發行其續作《媽媽這樣做，女孩會不同》，身為作者的我感到非常榮幸，在此向各位致上由衷的感謝。

我的工作是「教育環境設定顧問」，主要的工作內容，是為了提升兒童學科能力提供諮詢及意見，並且實際協助他們培養實力，進而通過考試。

因為工作內容是與提升兒童學科能力相關，所以嚴格說起來，本書的內容有絕大部份是在回答各位應該如何教育孩子，才能讓孩子變得會讀書。

就如同母親與兒子在教養過程中會因為身為異性而產生問題一樣，母親與女兒則會因為同樣身為女性而引發問題，做媽媽的很容易會不斷要求自己的女兒，希望她們

獲得比自己更高的社會地位或成就，這一點常會演變成「母親無法認同女兒自己選擇的人生」，在親子關係中造成嚴重的隔閡。

對於專業人士而言，只要用些強迫的手段，想要讓一個孩子變得會讀書絕非難事，事實上，藉由大量的教科書與上課時數，讓孩子通過升學考試的補習班四處可見，不過為了提升孩子的學科能力，卻破壞了孩子一生的這種做法，根本不能稱作是「教育」。

本來讀書就是件不是很拿手也沒有關係的事，可是比起不會讀書，還是會讀書來得比較好吧，在一群會讀書的孩子裡，有很多是懂得如何避免與朋友發生無謂爭執這種頭腦聰明或是穩重的孩子。

那麼，要怎麼做才能教育出頭腦聰明，穩重又會讀書的孩子呢？而且應該要怎麼做才能以不強迫的方式給予孩子力量，讓他們將來能夠憑藉著這些力量提高個人的可能性呢？

在前作《媽媽這樣做，男孩會不同》裡，我已經反覆說明了很多次，男性成就的頂點並不是如何提高自己的社會地位，而是如何成為一個父親；如此一來，女性成就的頂點則是如何成為一個母親。

如果是女孩的話，只要她能擁有一般學歷，然後與一個正派的男人結婚生子，基本上做父母的就別無所求了。這肯定是所有父母對於女兒最基本的期待，能夠確保這些基本期待之後，父母才會有其他更多的期待，當然「更多的期待」還要看看孩子自己本身的能耐。

無論如何活躍於社會上，如果無法教育出可以貢獻社會的孩子，無法與未來接軌，完成世代傳承的話，就稱不上能夠獨當一面。

女性替我們孕育下一個世代，可謂之為「國寶」。因此，我們的教育要讓女孩變得更加優秀，過得更幸福。這本書配合現在的時代背景，再度確認男孩與女孩的差異，在省思現代教育觀點的同時，如果本書能略盡棉薄之力的話，身為筆者的我深感榮幸。

不過凡事都會有「例外」，就如同世界上不會有兩張一模一樣的臉，我的見解看法並無法同時適用於所有個案，這時候，我衷心的希望各位能夠以「僅供參考」的心態閱讀此書。總之這本書的內容，都是我在「工作現場」上的看法主張。

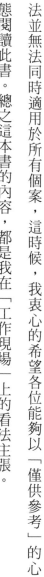

目錄

媽媽這樣做 女孩會不同

第2章 關於女孩的教養

第3章 關於女孩的養育

第1章

關於女孩的學習

1 常聽父母誇獎「可愛！」的女孩學習好

當您詢問年紀大約是國小高年級到高中生左右的女生：「說到討厭的女孩，通常是什麼樣的類型呢？」您覺得大家的第一個答案會是什麼呢？

答案是「做作女」。

如果這些女孩的媽媽在相同的年紀，被問到相同的問題，恐怕答案也是一樣的吧！看來「做作女」可說是從古至今大家一直討厭的對象，既然如此，為什麼「做作女」還能存在於二十一世紀呢？這一點令我感到非常不可思議。早期的「做作女」與二十一世紀的「做作女」或許表面上有所不同，可是在本質上——極盡所能的希望「表面上的自己看起來比真正的自己更好」——卻是完全相同的。

那麼做作女為什麼會希望「表面上的自己看起來比真正的自己更好」呢？

這是因為她們沒有東西可以自豪。對自己有自信的孩子，或是即使沒有自信，但卻有東西可以引以為豪的孩子會認為：「就算其他人不認同我，我還是我。」絕對不會有「希望別人把我想得很好」，或是「希望別人覺得我看起來很好」這類的想法。

「只要做自己就好，我才不擔心別人怎麼看我。」

擁有這樣想法的孩子比較容易成長，為什麼呢？因為**相信自己是被愛的想法，能夠讓孩子產生自信，並且堅信「只要我努力，沒有辦不到的事。」**

可是只會在意他人眼光，希望讓自己表面上看起來更好的孩子，首先就不可能變得會讀書，更別指望他們能夠體會當提升內在修養，吸收各種知識，讓自己更上一層樓時，所能獲得的喜悅。

剛剛那些斬釘截鐵說：「會被討厭的女生都是做作女。」的女孩們接著又告訴我：「才沒有那種又做作又會讀書的女生呢！做作的女生成績都不好！」

會對自己沒有自信的女生，首先會注意的就是自己的外表。

如果只是注意服裝儀容這種程度的話，那當然很好，可是如果演變成燙頭髮、染頭髮、化妝，或是把制服裙子改短之類的話，我想這些女生的腦袋裡也只會想著「要怎麼做才能跟其他女生看起來不一樣，大受男生歡迎」這類事情而已。

如此一來當然不可能變得會讀書。

我剛剛說過了，「對自己沒有自信的女生會變成做作女」，那麼這些女生在成長過程中，為何缺乏最必須的「對原本的自己所產生的自信與驕傲」呢？

除了是父母親的態度有問題之外，我想不到其他理由。

若無法獲得父母親的認同，孩子就無法對自己產生自信；父母如果沒有好好疼愛孩子，孩子就無法發現自我價值；因為無法發現自我價值，所以只好拚命扮演著「在大家眼中看起來很好的自己」，來粉飾真實的自我。

對於未來要成為母親的女孩而言，比起能力上得到認同，我認為肯定她們的存在價值更為重要。這是為什麼呢？因為沒有母親的話，人類就無法延續生命。

據說無法發現自我價值的女孩，比較容易踏上援助交際這條歧路。所謂的援助交際，是一種即使是一瞬間也好，都希望能夠藉此來確認「自己是被愛」的一種行為，正因為如此，我才會說援助交際是個悲劇。

或許您會說才沒有這回事，我們一直很認同孩子的人格發展，而且非常用心的教育孩子。

那麼請您回答我下面這個問題。

您最近有對孩子說過：「你好可愛！」這句話嗎？

當孩子還小的時候，您應該常常覺得她「好可愛、好可愛」吧，但是隨著孩子的成長，您對著她說：「好可愛啊！」的機會，是不是日益減少了呢？

您是不是會擔心，如果一直稱讚孩子「好可愛、好可愛」，會不會讓她深信自己真的長得很可愛，最後變成「自我感覺良好」的女孩呢？

明明您不這麼覺得，卻滿口誇獎孩子「好可愛、好可愛」，這的確不是件值得讚許的事。孩子是很敏感的，如果您「心裡不是這樣想，只是嘴巴隨便說說」而已，孩子是會察覺的。**當孩子察覺大人的口是心非後，就會變得不再相信父母。**

任何一個小孩看起來很開心或是很害羞的時候，一定會有一瞬間讓您打從心裡覺得「好可愛」，這時候請您務必把「妳好可愛啊！」說出口。

即使是這麼簡單的一件事，就足以讓女孩覺得開心，「好可愛」這一句讚美，與「被疼愛」、「被注視」、「被認同」這種自信息息相關，可以讓女孩自然而然產生「做自己就好」這樣的想法。

如果覺得害羞，怎麼樣都說不出口的話，那就用眼神來表達吧！

「這孩子怎麼這麼可愛啊！」用這種眼神一直凝視著孩子，直到孩子發現為止，可是如果沒有事先對著鏡子多練習幾次的話，說不定反而會被孩子認為「好噁心」。

像這樣，在成長過程中實際感受到父母關愛的孩子，應該不容易走上歧路，也不會疏忽課業、過度打扮，或是變得一天到晚只在乎男生的目光。

提升女孩能力的第一步就是——父母的關愛。

而父母的關愛就是要認同孩子本身的存在，讚美她「你好可愛！」。因為女孩比男孩更容易覺得寂寞，所以請您不要覺得難為情，務必試著多多讚美她。

2 從公廁的使用狀況看孩子「細心程度」

如前所述，特別是對女孩來說，清楚知道「自己是被愛的、被珍惜的」這種感受非常重要，因為這種感受與「做自己就好」這類的自我肯定和自信息息相關。

缺乏自我肯定感的女孩長大後，因為想要獲得被社會大眾認同的地位，所以努力念書，成功考取一流大學，畢業後還任職於大企業或是公家機關，這樣的例子也並不是沒有。

可是，這種例子就如同「從小只會讀書，好大學畢業後，進入公家機關擔任政府官員」這樣的男子一樣，往往欠缺男性魅力；同樣的，除了學歷和工作以外，沒有其他東西可以引以為傲的女孩們之中，有魅力的女性也不會很多，相信有這種想法的應該不只我一個吧！

「被大家重視，值得被大家疼愛」這種感受，對孩子的成長過程是不可或缺的。

男生藉由專注在自己喜歡的事物上，以及擁有拿手領域這件事情來發現自我價值；女孩也一樣，不過除此之外，另一個不可或缺的，就是前述所說的「相信自己是被愛、被重視」的感受。要如何讓孩子相信自己是被愛、被重視，**首先就是要將「覺得她惹人憐惜、好可愛」這樣的情緒，傳達給孩子知道。**

不單是家人，能夠獲得眾人喜愛、重視這件事，也可以豐富女孩的人格發展，培養女性的魅力。沒錯！就是因為是女生，才更需要被教育成「不只是家人，而是人見人愛，被大家疼愛」的孩子。（關於這一點我後面會再詳述）

如果是有血緣關係的家人那還有可能，可是要其他人也能好好珍惜對待自己的孩子，聽起來似乎很困難。不過很意外的這其實相當簡單。

只要不遺餘力的「教導孩子禮貌，並教育她能夠應對進退得體」就足夠了。

例如坐電車的時候，如果眼前的高中生坐沒坐相、忘我放聲交談，甚至還在電車上化起妝來，您覺得這孩子如何呢？假設這個高中女生被醉漢纏上，或是遇到了什麼麻煩事，雖然不至於會想：「這樣的女生會遇到這種事情也是理所當然。」，不過是不是很難提起勁來挺身而出幫助她呢？

或者是用餐時把手肘撐在桌面上，咀嚼時還不斷發出聲音，像這種吃相很差的女生，您會願意為她端出講究的料理嗎？如果可以，甚至還會希望不要和她同桌吃飯也不一定。

如果世界上人人都秉持著博愛精神的話，那或許可以另當別論，可是在多數的情況下，比起有家教的孩子，大家普遍都會對於「沒有家教的孩子」採取比較隨便的態度，這可以說是不爭的事實。

為了不要讓自己的孩子落得如此下場，就必須好好管教她，例如：「鞋子脫下後要擺好」「換下來的衣服要摺好」「一定要準時繳交學校作業」等等，在所有的情況下都要確實管教孩子，讓孩子守規矩。這些事情對女孩來說尤其重要。

不光是小孩，**我認為要知道「一個人做事情是否循規蹈矩」，可以從他使用公共廁所時的態度看出來。**

所謂的公共廁所就是「雖然不起眼，但是大家都會使用的公共設施」。反正沒有

別人，也不是在自己家裡，不保持廁所乾淨的人是不能稱為有禮貌的人。例如把廁所的衛生紙撕得破破爛爛也若無其事、洗手時把洗手檯弄得溼答答的、頭髮梳完也不會撿起掉落的頭髮……。

「好好愛惜公共設施」這樣的想法，無庸置疑就是「禮貌的根本」。

雖然這是題外話，可是我認為把化妝或梳頭髮這種「本來應該在廁所等地方做的事」，搬到電車內這類公共場合裡的人十分荒唐。我的解讀是：只有那些被大家認為沒禮貌或是沒家教也不以為意的人，才有辦法做出這種事情。

誰都希望自己的孩子變得「人見人愛、被大家疼惜」吧！

為了達到這個目的，首先該做的就是在家裡好好管教孩子。除此之外，父母本身也必須具備良好的公德心。

有機會的話，就算只是口頭也好，請各位務必好好確認令嬡的公廁使用方式，如果令嬡把廁所弄髒了也毫不在乎，有可能人們對待她的態度也會很隨便，這時候身為父母的，就有必要重新審視女兒的家教。

3 發掘女孩的學習潛力，讓她不斷成長

您是否有過這樣的經驗呢？例如遇見好久不見的親戚家的男孩子，或是在同學會上遇見兒時一起長大的男同學，驚訝的發現：「以前的孩子王，現在長大卻……」很意外的，我們經常會聽到小時候只會搗蛋完全不念書，成績總是吊車尾的男生，突然考進了一流高中，然後進入知名大學或任職於優良企業這種例子。

或許這有點偏離本書的主旨，不過男孩在十四歲以前讓他們盡情玩樂，反而會有助於他們學科能力的提升；也就是說，對於男生，我們可以期待所謂的「逆轉勝」。

所以每當我聽到家長煩惱的說：「我們家的孩子放學回家以後，就把書包丟著跑出去玩，都沒在念書。」時，我都會回答他們：「這樣非常好！請務必讓他繼續維持下去，多去累積各種經驗。」

那麼女孩子的情況又是如何呢？

「小時候只顧著玩樂，上了國中後開始讀書，成績明顯進步，最後竟然出乎意料的進入名校就讀。」像這樣的「逆轉勝」定律，是否也適用於女孩子呢？

非常抱歉，我不得不告訴各位這樣的例子幾乎是「零」。基本上各位有遇過「小時候只會做怪，長大卻變得聰明伶俐，還進入一流企業，成為精明幹練的女性」，或是「以前上課也沒認真在聽，考試成績總是慘不忍睹，可是最後卻考上國立大學」這樣的例子嗎？雖然我無法斬釘截鐵的說絕對沒有這樣的例子，不過根據我的經驗，能夠完成這種壯舉的女孩，真的是少之又少。

當我們聊到考上一流大學的孩子，如果是男生，開場白會有「（從小就是個很會讀書的小孩）不出所料，果然啊……」以及「（以前成績很糟的孩子）沒想到那個孩子居然……」這兩種模式。然而，講到女孩的時候，開場白就只會有「不出所料，果然啊……」這一種。各位或許在日常生活中也有過這樣的經驗吧。

如此一來，**提升女孩學科能力的方法，就只有「從小讓她扎實學習」**。

還有，女生除了比男生認真以外，還有另一個特徵，就是很多女生可以穩紮穩打、勤奮努力，也不會覺得辛苦。因此，就某方面而言，像公文式教育這種每天一點一滴的寫講義練習的教育方式，可以說很適合女生。

這種學習方式，常常可以讓孩子的學習進度比學校課業快一步，也就是說學校教的都是孩子剛學過的東西，學校上課變成只是用來確認「我知道」「我懂了」的過程。

雖然每天上課都好像是複習一樣，不過這種一邊逐一確認已經學習過的東西，一邊向前繼續學習的方式，可以確實提升孩子的學科能力。

像這樣，女孩的學習方式是「先馳得點型」。從小就開始累積課業知識，取得好成績的女孩，腦袋當然會變聰明，並且能以穩健的腳步，實現進入好學校就讀的目標。

聽我這麼一說，或許有些家長會絕望的想著：「唉！那我們家的孩子已經來不及了吧！」可是這攸關孩子的一生，總不能說：「很遺憾，可是為時已晚。」

的確，一開始或許無法立刻贏過那些從小就孜孜不倦學習的孩子，但儘管如此，還是要讓孩子從現在就開始培養「每天勤奮學習」的習慣。

「話雖如此，可是我家的孩子不是那種二話不說就乖乖去讀書的孩子。」如果是這樣的話，只好請身為母親的您，以堅定的態度，每天不間斷的要求孩子：「快去念書！」

最重要的是，不要突然歇斯底里的放聲大叫：「我不管了！」然後就中途放棄孩子。如果您希望自己的孩子能夠一步一步努力的話，首先請當媽媽的您身為表率，開始腳踏實地的努力，好好加油！

4 做事有條理，才有學習潛力

雖然有點冒昧，但在這邊想請教各位：您要開始讀世界史之前，會拿出什麼東西放在書桌上呢？

「教科書、筆記，再加上文具用品就夠了吧。啊！還需要螢光筆。」如果是這樣的話，您似乎是認為讀世界史時，死背年號、關鍵字，這種填鴨式學習法才是最好的。

或許這樣的方式也可以拿到高分，不過很遺憾的是，這種方式無法真正增進歷史能力。為什麼會這麼說呢？因為歷史的學習必須藉著不斷反複地詢問「為什麼」來加強深度，最後才會變成內涵。

這裡，我認為「讀世界史的必備工具」如下。

「世界史的課本和參考書放在書桌右側，左側放著世界史事典，然後手邊放著上課抄的筆記以及自己整理過後的重點，筆記的正前方再放上世界史地圖和年表」，由這七本書或筆記，來構成讀世界史的最佳狀態，如果最後再加上一、兩本文獻資料，那就更完美了。如果書桌太小，沒辦法同時攤開這麼多書，那就把這些書放在伸手可得的範圍內，將讀書的環境保持在「需要時可以隨手拿到相關書籍」的狀態，這可以說是想要讀好世界史的首要環境條件。

這裡很重要的是「**保持需要時可以隨手拿到相關書籍的狀態**」。

「這個歷史事件是在哪邊發生的？」當心中浮現了這樣的疑問時，就立刻拿出世界史地圖快速查閱，確認事件發生的場所，然後再研究當時鄰近區域的狀況，甚至還要調查當時在該地區是否有其他撼動歷史的事件發生……，如此一來，就可以知道在其他國家所發生的事件，其實與現在正在學習的歷史事件有關聯。

學習世界史不可欠缺的，就是具備這樣宏觀的視野，而培養宏觀視野不可或缺的，其實就是「**能夠好好整頓周遭環境，確實掌握什麼東西放在什麼地方**」，換言之就是「**能夠確實掌握細節的能力**」。

可以說女孩天生就比較可能具有這種「能夠確實掌握細節的能力」。

相反的，大多數的男孩都無法好好整頓周遭環境，這是男孩令人頭痛的特質。

我已經重申過很多次，我認為不論是男孩或女孩，孩子不可或缺的能力之一就是「觀察力」。雖然在這裡統稱為「觀察力」，但是男生、女生在內容上卻有很大的差異。男孩對於會動的東西以及遠方的東西，具有十分敏銳的觀察力，例如一家人到百貨公司挑選餐具的時候，發現餐具賣場的遙遠另一頭是玩具賣場，然後立刻飛奔衝過去，最後卻迷路的通常是男孩。

相反的，女孩則是能在大量的餐具中發現自己最喜歡的，或是「如果要買圓盤的話，這一個最好喔！」，像這樣在大量商品中挑選出最合適的物品。女孩對於身邊不大會動的東西具有敏銳的觀察力；因此當女孩發現活生生的蟑螂或昆蟲突然出現在視線範圍的時候，引起的騷動會遠遠超過男生。

自己的老公沒發現自己去過美容院，不過一戴上新的耳環，自己的女性友人就會立刻發現做出反應，像這樣男孩、女孩在「觀察力」上的差異，在日常生活中隨處可見。

關於「能察覺細節差異的女孩，不能察覺細節差異的男孩」「不能發現遠方東西的女孩，能發現遠方東西的男孩」，這些差異是因為在生物學上的性別不同。我不會說這些囉哩叭唆的理論，可是感覺上會相信這種男女差異的人相當多，所以這種說法應該可以說是正確的吧！

將話題回到孩子的身上，我們可以說男孩會「跑到外面去發現各式各樣的東西，並觀察與體驗」；女孩則是會「從家中身旁的小細節去發現各式各樣的東西，並觀察與體驗」。才想說這孩子怎麼這麼安靜的時候，就發現她正努力的把洋娃娃一個一個排好，或是目不轉睛的盯著媽媽正在做什麼，或是在模仿大人做家事，女孩就是這樣。藉由這些舉動，可以培養出女孩特有的細膩觀察力，這樣的觀察力會影響今後的課業學習。

當您看見外面天氣很好，不過孩子卻不願意出去外面玩，只肯待在家裡把玩具換位置排列或分類時，您或許會擔心：「她這麼內向沒問題嗎？」但如果是女孩的話，您就毋須擔心。因為女孩可從「確實把握細節的能力」中培養「觀察力」，最後再發展成整理、整頓的能力。男孩會為了打電動而待在家裡，可是相反的，女孩即使待在家裡，也不會以打電動為樂，這肯定是因為女孩很擅長在家裡利用周圍的事物自得其樂的緣故吧！

05 死背、填鴨式學習會讓孩子「受人欺侮」

如果是爺爺、奶奶那個年代也就算了，現在還認為「女孩子能夠當個好太太最重要，學校成績不好也沒關係」的父母，應該已經很少了吧！

女性和男性一同活躍於社會上已經成為常態，頂尖的女企業家、女性政治家或是女性官員的出現，在現代也已經不是什麼新聞了，這些例子都可以說是舊有女性觀念正逐漸消失的證明吧！

隨著「女性理想形象」正逐漸改變，似乎有越來越多的父母認為「就算是女孩，學歷也很重要」，因此，讓孩子從小開始上幼兒教室，上小學後讓她去升學補習班等等，讓女孩從小就開始準備嚴苛的升學考試，在現今社會早已變得不足為奇。在這個時代，反而是不讓聰明的女孩嶄露頭角才不合乎常理。

從前以進入私立女校為目標，參加升學考試的女孩絕不在少數，不過其中大多數的人都以培養成為「賢妻良母」為目標，也就是說幾乎都是以進入所謂的千金小姐學校就讀為目的。

可是，現在女孩的目標則是如何擠進高升學率的明星學校，以及如何考取一流大學，女孩們為了準備競爭激烈的升學考試，勢必得面對沉重的課業壓力。

在這裡請容我問各位一個問題。

什麼樣的學習方法可以有效提高偏差值（日本用來表示學科能力測驗結果的數值），讓孩子順利考取一流大學呢？

雖然有些大學是以「著重理解能力」為號召，讓考生參加入學考試時可以攜帶字典，考題也以描述性的問答題為多，重視申論，可是令人憂心的現實狀況是，現在仍有許多偏差值很高的一流大學，還是採取「死背越多，越有機會考取」的入學考試。

如此一來，好像只要一股腦的死背，就能考上一流大學，在深入的思考之前，總之先死背就對了。徹底活用腦袋的記憶迴路，盡可能多背個文法、年號、數學算式、公式、單字或成語，總之能塞多少就塞多少進去腦袋裡，這樣的學習方法是有效果的……

話題要是繼續這樣發展下去的話，聽起來會好像是我在跟各位推薦「死背、填鴨式學習法」；如果是這樣的話，各位可就完全誤會我的本意了。

不論男孩或是女孩，我認為扼殺他們才能的萬惡根源就是過度的「死背、填鴨式學習」。

我認為孩子應該要順應好奇心採取行動，一邊累積經驗，一邊學習，透過這些經驗的累積，轉變成真正的內涵。我認為這才是孩子應有的學習方式。

「填鴨式學習或許不可取，但是為了在升學考試中脫穎而出，背書還是不可或缺的吧！體驗各種事物，等考上大學以後再說也不遲啊！」

感覺上會有人發出這樣的抗議呢！不過，我還是要強烈主張：「就我的經驗來說，死背、填鴨式學習，只會毀了一個孩子。」

這是為什麼呢？因為我看過無數的孩子在成長過程中，被迫背離各種體驗機會，封印自己的好奇心，後來因為無法融入周遭環境，最後變成空有強烈自尊心的獨裁者，或是因為跟同儕無法溝通，最後變成足不出戶的繭居族。

您希望自己的女兒長大後，成為什麼樣的女性呢？是希望她以不輸給任何男性的高知識水準為武器嶄露頭角，最後成為掌握日本未來的菁英份子嗎？

還是希望她變成一個人見人愛，不會被花言巧語欺騙，眼睛裡總是閃爍著好奇光芒的這種開朗女性呢？

在這邊我要跟各位介紹一個令人憂心的例子。

日本的上智大學在女孩族群裡面一直很有人氣，這間學校的入學考試，分為海外歸國子女組、推薦甄試組與一般入學組三種；其中，一般入學考試的嚴苛程度，連我這種專業人士都會覺得錯愕。

所有的考題都是選擇題，但是一般的選擇大都設是「從A到E之中選出正確答案」，上智大學的選擇題卻還多了一個「如果A到E之中不包含正確答案，請填寫F」這樣的選項，也就是說，如果沒有完整的死背下來，將很難達到錄取分數的標準。

這樣一來，以考取這所大學為目標的孩子，就必須及早開始填鴨式的學習法，不要說玩樂的時間，根本也不會有多餘的時間可以看看書、聽聽音樂或是培養興趣。最後如果能苦盡甘來光榮考取的話，這樣天天拚命讀書的日子，也算是得到回報了。

但是，好不容易考上這所大學，在前方等著她的卻是……同學冷淡的視線。

通過海外歸國子女組入學測驗，以前曾長時間在國外生活的女學生對我說：「透過一般入學考試進來的女孩，完全沒有自己的意見。吃午餐的時候問她：『要吃什麼？』她只會說：『都可以。』出去玩的時候，完全搞不懂她想要做什麼。偏偏自尊心又很強，覺得『自己很會讀書』。因為說話也很無趣，慢慢的大家就漸行漸遠了。」

像這樣在校園裡交不到朋友、被孤立的，大多是這種透過一般考試入學，成績優秀的女孩。這群女孩被死背、填鴨式的學習，剝奪了培養感受性的機會，可以說是錯誤學習下的「犧牲者」。

我再重複一次，不應該讓孩子過度的死背或接受填鴨式教育，就算是迫於情勢，必須用死背的方式學習，我還是認為這種封印孩子的興趣，將所有時間都奉獻給填鴨式學習的作法，根本是百害無一利，這一點，希望各位父母能夠銘記在心。

6 只會說「我知道」而缺乏親身體驗的女孩會變笨

「能夠帶來豐富與幸福人生的是興趣和內涵。」這是我常說的一句話。關於興趣的話題容我稍後說明，這邊我們先來談談「內涵」。

大家聽到「這個人很有內涵」的時候，會想像是個什麼樣的人呢？

「涉獵範圍很廣，知道各種形形色色的事情。」這個答案聽起來的確有一定的道理。知識與內涵之間的關係密不可分，絕對不容許被一分為二，這是千真萬確的；可是「知識」這個東西其實很狡猾。

所謂的知識，光靠道聽塗說的方式也可以獲得。舉一個比較極端的例子，舉凡從「世界情勢」到「未知的祕境」甚至「偉人的一生」，只要開著電視一整天，就可以獲得各式各樣的知識。

要評斷「從來沒有現場聽過交響樂演奏，但卻知道莫札特生平」的人是否有知識的時候，我必須要說這樣的人確實是有知識，不過這種人絕對稱不上是「有內涵的人」，因為真正有內涵的人不單擁有知識，在知識的背後，還需要有豐富的經驗與感性做為支撐。

不只知道莫札特，還能欣賞莫札特的音樂，與別人討論莫札特，更進一步要求的話，各位難道不認為還能演奏莫札特音樂的人，才更有資格被稱作是「有內涵」嗎？

不過很遺憾的是，很多人會將知識與內涵混為一談，尤其是高學歷者。

這樣子的人動不動就會說「這個我知道。」**可是知道歸知道，很多時候根本缺乏親身體驗**。例如「鯖魚味噌煮」這道料理，透過食譜或是電視就可以知道做法，但實際上沒有做過這道菜或是沒有吃過這道料理的媽媽，就是符合我剛剛所說的「知道歸知道，但是缺乏親身體驗」。

「這個我知道。」像這樣在各式各樣的場合裡展現自己知識的人，或許會被認為「你懂得好多喔！」或是「某某某真的是萬事通！」一度獲得大家的尊敬；不過如果哪一天被大家看穿，「那個人的確是知道很多事情，但實際上什麼都不會做啊！」這時候情況會變得如何呢？

從原本大家尊敬的對象，漸漸變成被大家說是「光說不練」「言而不行」的人，最後大家敬而遠之，也是意料中的事情。

很可悲的是，當事人通常不會發現周遭的人對自己有這種評價，而且做夢也想不到當自己一開口說：「這個我知道。」的時候，大家心裡就開始嘲笑著：「又開始了。」

「不可以再這樣下去了！我得多多累積親身體驗。」如果有機會可以自我察覺的話，這個人是相當幸福的。

不過很不幸的是，通常被周遭認為「不懂裝懂」的人，有機會自省的可能性非常低，這是為什麼呢？因為周遭的人通常不會直接跟當事人說：「雖然你知道的事情很多，但其實你什麼都不會吧！」或是反問當事人：「那你有實際嘗試過嗎？」

大家為什麼不直接跟當事人說呢？我就老實告訴各位吧！其實就是因為「看到人家不懂裝懂的樣子很有趣」，明明沒有親眼見過也沒有親身體驗過，卻一副自己很厲害的樣子在跟別人吹噓，看到這樣的人，自己一邊想著：「哼，又開始了。」一邊開始和其他人使眼色，拚命忍住不要笑出來……像這樣子把對方當成比自己不如的「笨蛋」。

沒錯吧！這樣的畫面是不是很常出現呢？

如此一來，「**空有知識卻缺乏實際體驗的人**」除了會被周遭孤立，連想要洗心革面，開始累積經驗的機會都沒有，不知不覺間就變成了光說不練，索然無味的人……這實在是非常可怕的人生藍圖。

不論男女，任何人的身上都蘊藏著這樣的危險因子，可是不知為何，如果是男孩，即使光有知識，也可能被大家稱作「雜學王」之類，獲得大家尊敬。像這樣的例子絕對不是沒有。

不過如果是女孩呢？有可能像「雜學王」一樣，被大家推崇為「雜學女王」嗎？同樣的情況如果發生在女孩身上，大家心裡則會想著：「又開始了。」然後對她敬而遠之，這樣的情況反而比較容易發生，不是嗎？

學歷越高的父母越容易陷入迷思，認為獲得各式各樣的知識對小孩是不可或缺的。可是請絕對不能忘記，尤其是女孩子，沒有實際親身體驗過的知識，只是徒增被朋友消遣的機會而已。

7 培養女孩的自主性要靠「嚴格的母親」

當孩子一醒來就開始念他：「快點起床！」「刷牙了沒？」「快點把飯吃一吃！」「要遲到了，還不快出門！」然後孩子一回到家又繼續念他：「鞋子有沒有擺好？」「洗手了嗎？」「快去寫功課！」等等。仔細想想，一整天不是在命令孩子，就是在斥責孩子，有這種煩惱的媽媽一定很多吧！

希望自己是個溫柔沉穩，不會嘮嘮叨叨的母親——恐怕大部分的媽媽都是這樣想的吧！

對於自己一天到晚碎念孩子而感到煩惱的父母，肯定是因為擔心：「每天這樣斥責孩子，會不會為孩子帶來不良的影響？」

如果您家的孩子是男孩，我會告訴您：「沒錯。同一件事情，不分青紅皂白的對男孩劈頭就罵，只會造成反效果！這對孩子絕對不會有好的影響。」

對象如果是女生的話，那可就另當別論了。

就算會被誤解，我還是要告訴各位：「這樣做非常好！請務必對她嚴格管教。」

話雖如此，我說的嚴格管教並非單指斥責孩子這樣的方式，我指的是**不要縱容孩子並稍加管教，讓她常保持精神上的緊張**。

我認為每個人在「保持精神上的緊張」和「放鬆精神上的緊張」這兩種能力上，都應該要有出色的表現。不用我贅述，各位也知道保持精神上的緊張是有意識的行為，放鬆精神上的緊張是無意識的行為，能夠在兩者之間收放自如的人，我認為才稱得上是「有能力」的人。

而且我認為應該在孩子還小的時候，就由周遭的人幫忙讓小孩習慣「保持精神上的緊張」，特別是總習慣待在室內、黏在媽媽身邊的女孩，可以讓她們透過幫忙做家事的方式養成習慣。

藉由這些過程所培養出的習慣，孩子在將來一定會感謝父母的。各位也有過這樣的經驗吧！

「可愛的男孩要讓他出去闖闖。」

從前這句諺語常常用來告誡父母，不要讓男孩子變得嬌生慣養。

還有「獅子會將小獅子推下深谷來鍛鍊牠」。

現在這種做法可是會成為「虐待兒童」的問題。事實上，之前也曾經發生過類似的事件。

雖然這句話有點普通，但我想把這句話送給所有家裡有女孩的父母。

「可愛的女孩要對她嚴加管教。」

擁有自我判斷並付諸行動的自主性——是父母對孩子最大的期望吧！

那麼應該怎麼做才能讓孩子培養這樣的自主性呢？這是一個大問題。

對於總是順應好奇心行動的男孩而言，所謂的自主性是「在不知不覺中養成的能力」，因此一天到晚對男孩嘮嘮叨叨，只會造成兩種結果：一種是會讓孩子覺得「又再碎碎念了」，然後把父母說的話都當成耳邊風；另一種則是在父母嚴格管教下，被剝奪了好奇心和行動力，最後變成毫無生氣的男孩。不論是哪一種，都不是件好事。

相反的，**女孩則是「透過模仿的方式，邊看邊學，逐漸養成自主性。」**因此，指示她們接下來應該要做些什麼，再引導她們完成是非常重要的。

例如「吃飯時要坐好」「打招呼要看著對方的眼睛，有精神」「脫下來的衣物要整理摺好」「吃完飯要把餐具收到廚房」「學校發的講義回家後要立刻拿出來」「吃飯前要先把功課寫完」「要認真的預習和複習」，從家庭教養、分擔家務一直到學校課業，每件事情都嚴格要求女孩也沒有關係。

像這樣，讓女孩習慣遵守「要求」，漸漸的即使不再要求她們，她們也可以自動自發去做，女孩就是要透過這種方式來培養自主性。

那麼，在這裡會出現一個「嚴格本質」的問題。

這些年來我看過很多父母，根據我的經驗，可以將「嚴格的父母」分為兩種。

首先第一種是**「穩重可靠的媽媽」**。

家中的大小事、和附近鄰居的相處、家長會的活動，所有的事情都能夠一絲不苟，盡善盡美的完成，這樣的媽媽就屬於「穩重可靠型媽媽」。

這樣的媽媽可以非常嚴格的管教女兒，不過不是用命令的口吻，而是以「現在不寫功課的話，不會很傷腦筋嗎？」這種條理分明的方式教導告誡孩子。**引導孩子成長的「穩重可靠型媽媽」可以說是楷模也可以說是理想的典範。**

另一種則是**「任性妄為暴君媽媽」**。

與其說是為了孩子好，其實都是貪圖自己方便，於是接二連三命令孩子做事情，像這樣的媽媽就是屬於「任性妄為的暴君型媽媽」。

比方說，不管孩子現在想要做什麼，不由分說就直接命令孩子：「喂！去把桌子收拾一下！」或是以自己現在沒空做為理由，要求孩子：「今天要丟垃圾，幫我把垃圾整理一下拿出去丟！」或是不分青紅皂白、嚴厲的指責孩子：「書讀了沒？功課做完了嗎？快點寫一寫！」用這種完全稱不上是民主的嚴格方式管教子女。實際上，大家是不是對於這種「任性妄為的暴君媽媽」比較有印象呢？

把這兩種類型的媽媽放在一起的話，或許會讓人覺得：「前者那種跟孩子講道理的教育方式是〇，後者這種只會嘮嘮叨叨的教育方式是×。」

不過在教育女孩的時候，這兩種方式都是「〇」。（請各位注意，對於男生的話是另當別論，後者那種不講道理，一開口就是命令的教育方式是萬萬不可。）

教育女孩的時候，特別是從小開始就要對她「下達指令，並且要求她遵守」，這樣有助於女孩養成正確的習慣，而指令的下達方式並無特別的好壞優劣之分。

可是我在這邊要提醒各位注意，不可以因為女孩子很聽媽媽的話，就對她們提出無理的要求。

「媽媽要去特賣會，你乖乖在家讀書，順便幫忙看家。」「今天晚上媽媽要出門，你和弟弟自己隨便去吃個東西，要好好寫功課喔！」……像這種父母的不是之處，應該不用我多做說明，正在閱讀此書的各位應該也會明白吧！

這麼說或許有點多餘，不過女性最大的魅力是「對於美好事物的感受性」，這種魅力有一部分是來自於父母嚴格管教下所產生的緊張感，並以此為基礎發展而來的。

例如擔心：「這樣做的話會讓人看笑話，我得要做得更好才行。」

整齊的衣著，完整的妝容，端莊的行為舉止……對於每個人而言，表現方式當然不盡相同，不過像這樣具備完整的女性要素後，不也才能將真正的女性之美展露無遺嗎？

而這樣的女性之美背後，蘊含著男性無法想像的高水準「感受性」光芒。

當男孩「想知道、想搞清楚」一件事的時候，會為了解開疑問而付諸行動，藉由這個經驗，男孩可以產生富有創造性的智慧，這種智慧是男性精神的極致表現；相反的，女孩感受性的極致表現，則是以關心周遭事物為基礎，並從日常生活中保持自律的習慣來實現。

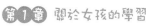

8 女孩的國語能力能藉由「聊天」得到鍛鍊

所有學科能力的基礎是什麼？不論大家的意見是什麼，答案肯定是「國語能力」，我想用「語言理解能力」這個辭彙來表達，可能會比較淺顯易懂。

理由其實非常簡單，因為「所有的教科書、參考書、文獻資料以及試題，除了少部分例外，其餘都是使用國文描述記載而成的。」

無論一個人的計算能力有多優異，記憶力有多好，如果沒有「國語能力」的話，就無法閱讀、理解文章，無法將自己的想法轉化成文章，確切表達出來，如此一來就算徒有計算能力或記憶力也是枉然。

同樣的，即使一個人具有豐富的想像力，可是如果無法透過語言將這些想像跟別人說明，最後也只會變成「妄想力」。因此我主張：**在兒童教育裡，應該把重點放在國語教育上。**

那麼在國語能力表現上，各位覺得男孩和女孩，誰表現得比較好？

先說結論的話，女孩的國語能力表現獲得壓倒性的勝利。這是為什麼呢？

相較於從小就一天到晚在外面玩耍的男孩，常待在家裡玩耍的女孩看書時間比男孩多的關係嗎？這也是原因之一，不過，另有其他決定女孩國語能力優於男孩的關鍵。

其關鍵因素就是**「愛講話」**。

雖然最近愛講話的男生變多了，可是一說到男孩和女孩誰比較愛講話的時候，女孩可以說是獲得壓倒性的勝利，其中也有只顧著自己說話，完全不聽對方說話這種令人頭痛的人啊！（哈哈，說不定男生裡面這樣的人反而比較多）

很多女性在閒聊的過程中，會觀察對方的臉色，並從中判斷對方沒有說出口的真實想法，或是觀察對方是否有興趣改變話題等，從男性的觀點來看，女性可以說很擅長這種高度的對話技巧。

這樣的對話技巧並非一朝一夕就能夠養成，女孩從幼兒時期的「媽咪媽咪，你聽我說」開始，然後在「講話的歷程」中，不斷的磨練會話技巧。

從我身為男性的觀點來看，至少在日本語系裡，可以說女性在聽覺、聽力上優於男性，也就是說比起男性，女性的耳朵似乎比較好。在會話技巧的磨練上，聽力較好這一點也發揮了很好的作用，這是為什麼呢？這是因為所謂的對話，是要聽懂對方所說的內容才有辦法成立，外語也是如此，像是即使有辦法表達自己想說的話，不過卻聽不懂對方說的內容，這樣也稱不上是對話吧！

女生正是因為耳朵好，所以才能夠很快的學會你來我往的這種對話能力。

像這樣從小開始磨練對話技巧的孩子，比較容易養成國語能力，為什麼呢？因為培養語言的理解能力，也就等同於培養「國語能力」。

女生愛講話這件事，遠比大人想像的更加重要。

不過非常遺憾的是，事實上，有些家長會剝奪女生這種愛講話的能力，其中最常見的就是在餐桌上大發雷霆要求孩子：「吃飯的時候給我安靜一點！」這種封建家庭裡的父親或爺爺。

再來就是會跟孩子說：「我現在很累，等一下再聽你說。」然後中途打斷孩子說話的慢性疲勞症候群爸爸。

最後就是不擅長說話的媽媽。

這幾種情況中最令人頭痛的就是，孩子大半天都與媽媽一起度過，可是媽媽卻不擅長說話的這種情形吧！

我在這邊雖然都稱之為「不擅長說話」，但其實還可以細分為很多種類型。

首先是沉默不愛講話的類型，在這種情況下，即使媽媽自己不愛說話，只要能夠「擅於傾聽」，對於孩子說的話能「嗯嗯」、「然後呢？」隨聲附和，並且好好引導女兒開口的話，就沒有問題。

比起這個更令人頭痛的，可以說是「**缺乏詞彙能力的媽媽**」。

說到「缺乏詞彙能力」或許有點抽象，簡單來說就是「說話很簡短」。

假設要告訴女兒：這個星期日要去附近的手工藝材料行，買家政課要用的布料這件事，如果是話很少的媽媽，很可能只會對女兒說：「星期日去涉谷吧！」然後女兒問：「去涉谷的哪裡？」媽媽：「去手工藝材料行（洋裁店）。」女兒：「去做什麼？」媽媽才會說：「買布。」……像這樣你問一題我答一句，說不上是閒聊，也稱不上是對話。

日文是一種十分方便的語言，即使沒有使用句點「。」將語句結束，只要用逗點「，」就可以讓文章不斷延長。

不擅長說話的人，就應該好好活用這種日文獨有的特性，以剛剛的例子來說，母女之間的對話會變成下面這樣。

「這個星期日，我想要去涉谷，去手工藝材料行買你家政課要用的布，還有買一些有的沒的，到時候順便再給你爸爸買件內衣，還要選一下可以送給奶奶的禮物。那這個星期日你有空嗎？」

像這樣想辦法延長對話的做法，希望各位父母在吃飯用餐時，也能夠多加留意。

例如吃飯時，希望女兒幫忙拿一下醬油，這時候您是不是只會說：「醬油」兩個字而已？為了避免這樣的情況，所以要改說：「你可以幫我拿一下那邊的醬油嗎？」想知道料理的味道如何時，也不要只問：「味噌湯，如何？」應該要試著說：「我今天換了不一樣的味噌，今天的味噌湯喝起來怎麼樣？會不會太鹹？」

吃飯時講到學校的話題，比起問女兒說：「新的老師怎麼樣？」也可以改變方式問：「聽說這學期的老師很嚴格，跟二年級的老師比起來你覺得呢？有比較嚴格嗎？」

然後很重要的是，當女兒開始回答問題，不論她的說明多麼冗長或偏離主題，都要繼續「嗯嗯！」「這樣啊！」「所以呢？」附和回應，不要打斷她的話，直到她把話說完。

想想當您要訓練小動物才藝時，需要多大的耐性，相較起來，陪孩子練習說話的技巧，應該是輕鬆愉快許多；當然要讓動物說話本身就是件不可能的事。

從愛講話這件事情，可以讓孩子在不知不覺中學習到「掌握重點的說話方式」。

而這樣的能力可以發展出**「用具體語言來表達自我想法的能力」，並且讓所有學科能力的基礎「國文能力」，可以大幅的向上提升。**

9 海外歸國子女思考、表達及溝通能力較強

或許現在早就沒有人在使用「書呆子」這個字眼，不過即使到了今天，卻還是存在著那種「心無旁鶩拚命念書，嚴重缺乏個人魅力」的人，尤其是女孩，不管她的成績有多好，一旦被貼上了書呆子這樣的標籤就糟糕了——有這種觀念的人應該不只有我一個吧！

因此理想的目標還是——雖然不是成天只會讀書的書呆子，但不知道為何，成績就是很好的孩子。

接下來的各個小節，我就分別舉幾個實際的例子，來說明身邊那些「雖然不是書呆子，但不知道為何，成績就是很好的孩子」的祕密，裡面一定也會有些例子能夠給各位的孩子做為參考。

說到「雖然不是書呆子，但不知道為何，成績就是很好的孩子」，首先想到的就

是海外歸國的子女。「從國外回來的孩子，英文成績好是毫無疑問的啊！」想這樣生氣反駁我的人，請先等等，讓我解釋一下，我並不是要說「海外歸國子女的英文很好」這種理所當然的話。

說到海外歸國子女的特徵，首先會想到的就是**「獨立思考的習慣」**、**「能夠確實表達自我意見」**以及**「良好的溝通能力」**這三點。

在外國的電影裡，常常會出現老師詢問學生：「關於這件事，你怎麼看呢？」這種要學生表達自己意見想法的場景，相信大家並不陌生。

另外，讓學生共同探討或是互相討論的課程也相當多，這一點與日本單向教育的方式有很大的差異。

透過這樣的教育方式，能夠培養孩子**「獨立思考的習慣」**，以及**「正確表達自我意見的能力」**。

能夠獨立思考、表達自我意見──也就是具備所謂「主動性思考」的習慣，這其中蘊含的意義，遠遠超過保持好成績或是考上理想志願。

雖然考進一流大學，但是卻找不到自己想要研究的主題，只會等著教授一步一步引導的「被動等待指示型學生」最近越來越多，而且這種學生已經在教育現場造成問題了，各位知道這件事情嗎？

另外，以一流大學為舞臺，一個接著一個洗腦、勸誘女學生的可疑異教團體，所造成的日本社會問題，相信大家也都還記憶猶新。

這些例子看起來好像很嚴重，不過我認為這些問題，都是因為一味的死背以及填鴨式學習，所以導致這些學生缺乏獨立思考、判斷和主張自我的能力。

還有一點也很值得我們注意，那就是海外歸國子女自然而然養成的**「溝通能力」**，這一點也可說是很多日本高中生所欠缺的。

最近，因為自殺或學校的應對處理方式等問題，在社會引起了軒然大波，不過其中最令人憂心的，還是從小學一直蔓延到高中的「霸凌行為」。

我認為「只有頭腦非常不好的人，才能若無其事的做些讓人討厭的事」，而霸凌則是為了宣洩自己的鬱悶，將自己的不愉快加諸在別人身上，可以說是人格最低等的行為之一；我相信各位都能夠認同這樣的觀點吧！

沒有度量，只是因為別人與自己有些許的差異，就忍不住排擠他人；沒有包容心，看見別人小小的失敗就嘲笑他人，還覺得很有趣……這些行為在小學或國中都還可以容忍，可是都已經是高中生了，還能毫不猶豫的霸凌他人，這樣的孩子不可能會念書。

另外，升了一個年級卻還持續做些愚昧無知的事情，像這樣的人總有一天一定會後悔。

我認為霸凌是種降低智能與自我人格的舉動，而造成霸凌的根本原因，在於「缺乏溝通能力」。

日本人由於生長在島國，因此很容易有「即使不開口，應該還是能夠互相了解對方」的這種迷思，遇見與自己意見不同或是難以理解的人，在努力試著了解對方之前，會傾向於先替對方貼上標籤，認為對方是「破壞和諧的傢伙」「白目的傢伙」，然後排擠對方，或是忽視對方的存在。

這就是霸凌的真面目之一，與「和諧」的思想是一體兩面的。

反之，歐美人士或是從歐美回來的小孩，他們具有互相討論的習慣，在表達自我主張的同時，也能聽取對方的意見；即使對方的看法與自己不同，他們也能用自己的方式理解消化，並且盡可能的接受對方的想法。

藉由這樣的討論方式，可以鍛鍊如何「建立理論思考，並加以組織」的邏輯性。邏輯是智能基礎的一環，可以說是在討論會不會念書這件事之前，就決定腦袋好壞的重要關鍵。

所以海外歸國子女中有比較多聰明的孩子，相信大家都已明白其中的理由吧！正是因為**這些孩子擁有自己的意見，勇於表達自我主張，並且具有溝通、邏輯思考能力，才造就了他們「聰明的頭腦」**。

雖然這樣說，但我可不是要告訴各位，「如果想讓女兒變聰明的話，就立刻把她們送到國外讀書。」

「表達自我主張」、「溝通能力」和「邏輯思考」，這些其實都可以從日常生活中培養。

聽起來好像很困難，其實不然，任何情況下，只要能問問孩子：「你想要怎麼做？」「你認為如何？」這樣就足夠了。

話雖如此，但是也不要因為孩子表達了自己的意見，父母就要全盤接受。「你是這樣想的！可是媽媽認為……」請各位像這樣儘量反駁孩子的意見，然後持續和孩子討論，直到彼此能夠認同對方的觀點為止。

要如何接受與自己意見相左的人呢？應該退一步，抑或是徹底堅持己見呢？這兩者的界線在哪？要怎麼做才能在雙方不傷和氣的狀況下互相妥協呢？……像這樣，由父母親刻意詢問孩子：「我是這麼認為的，那你覺得呢？」我認為只有透過這樣的互動方式，才能夠教育出擁有健全溝通能力的女孩。

10 和外祖母親的孩子可以自然累積家庭經驗

隨著核心家族的型態逐漸成為社會主流，家裡有爺爺或奶奶同住的三代同堂家庭，已經日漸減少，可是當媽媽外出上班，需要尋求育兒協助時，比起與婆婆同住，反而是與自己母親同住的例子比較常見，而從這種家庭中，教養出會讀書的孩子比例非常多。

可是這些例子能夠成立的條件，並非是「媽媽外出工作」；女孩學科能力提升的主要原因，反而是在於**「與祖母同住，隔代教養」**。

在思考為什麼與祖母同住的女孩子比較會讀書的原因之前，我們先來想想，與「祖母，這邊特別是指外祖母」同住，會有哪些好處。

首先，和外祖母同住的好處之一，就是**「媽媽會變得比較輕鬆」**。

或許有人會反駁我：「什麼嘛！你說的不是指可以給小孩帶來的好處啊？」不過請各位思考一下，「媽媽變得比較輕鬆」這件事，可以給孩子帶來多少正面的影響。

身兼家務及育兒工作的家庭主婦，總是被時間追著跑；早上起來就必須手腳俐落的準備好早餐、洗衣掃地，要記帳或寫感謝函之類的；如果家裡還有庭院花園的話，還必須照料那些花花草草。

再加上成天催促孩子不要拖拖拉拉，檢查孩子有沒有寫好作業，盯著孩子讀書等，可以說一整天下來，家庭主婦沒有一刻可以好好放鬆心情，休息片刻。

更別說平常還要上班工作的媽媽，她們能夠做家事的時間更少，真的是會忙得暈頭轉向。其實有很多媽媽希望可以好好的與孩子相處，好好的聽孩子說話，可是接下來還有一堆家務事非處理不可時，就真的無法隨心所欲。

這時候，如果自己的母親在身邊的話，情況就不一樣了。對於婆婆不好意思開口說出的請求，如果對象換成是自己的母親，就可以很容易說出口；光是有人幫忙分擔家務，媽媽就可以輕鬆很多，也有更多的時間可以與孩子好好相處，不是嗎？

以上就是第一個優點。

另一個優點是**「祖母比較寵小孩」**。

只要孩子想要，什麼東西都會買，動不動就給孩子零用錢，像這樣的溺愛方式確實令人頭痛，可是對孩子而言，外祖母這種什麼都會聽我說、疼愛我，不管發生什麼事總是站在我這邊……也就是接受全部的自己的這種溺愛方式，反而會讓孩子產生安全感。

當然媽媽也會聽孩子說話、疼愛孩子，當孩子永遠的夥伴，可是身為母親卻很清楚知道，在孩子的成長過程中，有時候必須狠下心對他們嚴加管教才行。

然而外祖母的角色就不需要如此，她總是慈祥又和藹，可以對孩子全心全意的溺愛。

特別是對於女孩而言，安全感與有自信的表現有關，讓能夠為自己帶來安全感的人待在身邊，可以安定孩子的心靈，如此一來，課業上的表現也會變好。

不論是男孩或女孩，以上這兩點都是與外祖母同住時，可以為小孩所帶來的好處；簡單來說就是，**與外祖母同住，可以替媽媽和小孩帶來精神層面上的餘裕與安定**，總而言之，就是百利而無一害。

另外還有一個優點是特別針對女孩的。

那就是**「外祖母總是知道很多事，可以讓女孩學習和體驗」**這一點。

例如在家裡附近摘來艾草做草餅；教她燉煮東西的方法；教她以前的童玩；還會幫忙她的家政作業等……彷彿是「外祖母的智慧寶庫」。這樣可以激發女生的好奇心，讓她們獲得並累積各種體驗。

關於這一點我稍後會再說明，不過對女孩而言，讓她累積家庭經驗這件事所具有的意義，不僅止於如何教育將來的賢妻良母這件事情上，無論未來孩子要以什麼為目標，累積家庭經驗都是非常重要的一環，要教育出頭腦聰明的女生，就一定要讓她多累積這些經驗。

外祖母透過非常自然的方式讓女生累積家庭經驗，並將古老的智慧傳承下去，在女生的成長過程具有很大的存在價值。成功扮演前述角色的祖母，會被孫女喜愛，一定會教育出所謂「隔代教養的好孩子」。

隔代教養的小孩比較聰明，歸納來說不外乎是家庭環境安穩，小孩在日常生活中就能感受到被愛與被關懷，還有從日常生活中累積了各式各樣的經驗。

實際上，對於無法和自己的母親或婆婆同住的女性而言，她們必須巧妙的同時扮演祖母或外祖母的角色，所以在現實生活裡相當辛苦。可是這樣的辛苦確實可以為孩子帶來很大的影響，挑戰這樣身兼二職的角色是非常困難的，不過一定有其存在的意義，我由衷的建議各位媽媽務必挑戰看看。

11 醫生的女兒特別能因尊崇父親而學習

如果我說：「醫生的女兒腦袋都很聰明」，我想大家都會異口同聲的回答我：「這不是廢話嘛！」

不過大家的理由應該都是覺得：「虎父無犬子。父母很聰明，生出來的孩子當然也很聰明啊！」或是認為：「醫生很有錢，可以花很多錢在女兒的教育上吧？所以教育出來的孩子當然聰明啊！」

關於這兩個理由，後者我無法全盤否定，可是前者這種「智能是遺傳」的意見，我並不贊成。

所謂的智能，並不是先天決定的，而是完全由後天養成；從出生後開始學習並累積各種經驗的人，就可以獲得較高的智能。我希望各位能夠廣為宣傳這樣的觀念，讓更多人知道。

言歸正傳，那麼為什麼醫生的女兒比較聰明呢？

原因在於**「在日常生活中，看著父親不斷學習、成長、進化的模樣，於是對父親產生了尊敬崇拜的念頭」**。

醫生裡面也是存在著每晚接受藥廠的招待，或是以醫師公會為藉口一天到晚喝酒的人。不過基本上，醫生這樣的職業必須經常吸收新的醫學情報資訊，保持學習新知的態度，常常閱讀書籍或是發表論文，孩子在日常生活中看見父親這樣的姿態，就會親身感受到「爸爸很認真在學習」。

另外，如果父親是開業醫師的話，孩子除了每天能夠看見父親工作時的身影，還可以實際感受到很多人稱呼自己的父親為「醫師」時，所流露出來的敬意。

這樣的結果會讓孩子覺得：「我爸爸好厲害！」然後崇拜父親，再加上醫生本身也有通過嚴格升學考試的經驗，或多或少能夠指導孩子的課業，即使孩子提出各種不同領域的問題，父親出乎意料的都能夠很快回答，如此一來，孩子就會越來越覺得：「我的爸爸好厲害。」

對於男孩而言，父親通常是「想要超越的目標」，可是對於女孩而言，父親則是「理想對象」的範本。

在家看著父親不斷學習成長的姿態，而且崇拜尊敬父親……，在這樣環境下成長的孩子，我必須要說他們頭腦聰明的比率相當高。

聽到我這樣說，可能會有很多媽媽想把湯匙朝我丟過來大叫：「我家的老公不可能啦！」或是很多爸爸會說：「我又不是醫生，我哪做得到！」就徹底放棄了。

在這裡，我想請各位想一想，真的只有職業是醫生的爸爸，才會受到女兒尊敬與崇拜嗎？

我並不這麼認為。對小孩而言，的確被大家稱作「醫師或老師」這類的師字輩職業，因為比較容易理解，所以可能比較容易被小孩當作崇拜、尊敬的對象，不過即使不是「○○師」的師字輩爸爸，只要有心，努力成為被女兒尊敬的對象，這些努力就有其存在的意義。

例如，不單只是暢銷書，還要大量閱讀各種書籍，讓孩子看見您讀書時的身影，或是培養音樂或繪畫等饒富藝術性的興趣也不錯。

最重要的是，讓孩子看見父親**「投身致力於某些事物時的身影」**，如果還能夠讓孩子看見**「爸爸在致力於某些事物的過程中，不斷進步的姿態」**，那就更棒了。

相較之下，如果被孩子說成：「我爸爸只要待在家裡，就是穿件內褲喝著啤酒。」的話，壓根兒不可能獲得女兒的敬重吧！

我並不是要各位爸爸每天都給我認真看書。要這樣的話，最後搞得待在家裡令人喘不過氣，變成一件痛苦的事，這樣根本就是本末倒置。

我是想要呼籲做爸爸的人，要試著努力做些會讓孩子覺得：「爸爸好厲害！」的嘗試，讓孩子覺得：「雖然我爸爸在家裡總是穿件內褲喝著啤酒，但是他很常看書，會和我分享一些有趣的書。」或是「家裡如果有東西壞掉的話，都是爸爸幫忙修好的。」

這樣一來，不只孩子會變聰明，肯定也可以豐富爸爸自己的人生。

12 三歲之前的幼兒教育能讓孩子發揮天賦

聽到「幼兒教育」，各位腦海中浮現的會是什麼呢？大部分的人想到的，應該都是那些以小學入學考試為目標，讓孩子去上的「幼兒教室」吧！

畫畫圖、隨著音樂讓身體律動、跟外籍老師上課學英文、學習禮儀……，以這種上課方式為賣點的幼兒園或學習教室，現在好像很受歡迎。

如果您認為沒有讓孩子去上過這種「升學導向」的安親班或幼兒園，孩子就不算是接受過幼兒教育，那我只能為這樣的想法感到遺憾。

我認為**小孩子在三歲之前，都應該接受良好的幼兒教育**。

不過我所謂的幼兒教育，不是要把小孩子送進好的幼稚園或是幼兒教室，事實上，**只有孩子的父母，才有辦法提供孩子所謂良好的幼兒教育**。這是為什麼呢？這是因為所謂的幼兒教育，原本指的就是：「**讓孩子充分發揮自己與生俱來的能力。**」

那什麼是「孩子與生俱來的能力」呢？關於這一點，男孩和女孩有很大的差異。我認為**男孩與生俱來的能力，指的是「好奇心」，是「好動停不下來的能力」**；另外，**女孩與生俱來的能力是「感受性」，是「發現、愛惜美好事物的能力」**。

家裡有女孩的父母，應該在日常生活中都有發現過吧！女孩從很小的時候開始，就很擅長發現「美好的事物」。

例如在路邊發現綻放的小花，女孩會覺得：「好可愛！」然後就蹲在路邊看著小花，或是發現路面積水，表面的油膜反射七彩顏色時，女孩會發出：「好像彩虹喔！」的讚嘆，或是會跟庭院裡的小花打招呼，說聲：「你好！」……說不定有多少女孩，就能發現多少的「美好」。

像這樣，女孩只要眼尖發現那些很容易被漏看的微小細節或事物的時候，眼睛就會閃閃發亮，陶醉在其中。

以女孩收視群為主的卡通，當主角陶醉在某些事物裡的時候，眼睛會充滿星星，背景會有花朵四處綻放，然後播放著浪漫的背景音樂，這樣的場景大家應該很熟悉，說不定才稱得上是「女孩特有」的世界。

例如，小朋友喜歡的昆蟲裡，有種「球潮蟲」（甲殼動物的一種，一受驚擾就會捲成球狀），如果是男生的話，就會好奇的想知道：「這些小蟲到底可以捲成多小一隻？」於是就會用指尖戳戳牠們，讓牠們捲起來，最後還不小心壓扁牠們；相反的，如果是女生，則會對著牠們直呼：「好～可愛」然後把牠們放在手中，陶醉的看著牠們在手心爬來爬去。

這種「陶醉其中、閃閃發亮」的力量，正是女生與生俱來的「感受性」源頭。

從小開始培養豐沛的感受性，而且在成長過程中不被任何人破壞這種感受性，在這樣環境下長大的孩子，能夠以優異的感受性為基礎，迅速吸收各個學科的知識，最終結果會反映在優秀的成績上，長大以後，還會成為氣質出眾的女孩。

可是對於每天匆忙度日的大人而言，要配合女孩的「好美喔！」「好可愛喔！」，需要相當大的耐性；即便如此，在孩子三歲之前請不要放棄，務必要好好地配合這種女生才有的「陶醉・閃閃發亮」的特質，然後藉著「真的耶！」或是「你也過來看看這邊！」等互動，帶領她打開更寬廣的世界。我認為這樣才是真正的幼兒教育，才能真正培養女生豐沛的感受性。

那麼您是怎麼做的呢？您孩子還小的時候，是否也曾停佇在路邊，陶醉的看著路邊發現的小花呢？您當時有陪伴她嗎？還是當孩子突然開始天馬行空說著故事時，您是否有豎耳傾聽呢？

如果您沒有這麼做，或是還對著她說：「在那邊說什麼傻話！」等等之類的來否定她的行為，想必您當時的心情也很浮躁吧！但我還是不得不說，我為此感到非常遺憾。

不過，凡事都沒有所謂的「為時已晚」。請您從現在開始教育孩子，培養她「女生獨有的感受性」。我並不是要您突然讓孩子聽莫札特的音樂，或是帶孩子到美術館等，實施這類的品德教育，而是請您和孩子一起看著夕陽，並讚嘆著：「好漂亮啊！」或是一起種花草，對著小花說說：「好可愛喔！」並且樂在其中，從這些小事情開始做起。

這些不單是對小孩有好處，父母本身也能藉此重拾身心靈的平衡，因此我由衷推薦給各位試試看。

13 全家愛讀書的孩子能提升智能

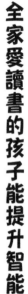

這是一個橫跨古今中外不變的事實——**再也沒有比閱讀好書更好的學習方法了，累積閱讀的數量，是有助於智能提升的關鍵。**

很多家長，特別是男孩子的父母，很容易犯下這樣的錯誤——把讀書的終極目標設定在「考上一流大學」「就職於一流企業」或「成為政府官員」。

女孩的父母會執著於「一流大學」「頂尖企業」「政府高官」，或是要求自己的女兒「無論如何一定要考上東京大學」這樣的人，應該只是少數吧！可是自從性別工作平等法實施之後，開始有越來越多的父母認為：「學歷對女生也很重要，所以要考上更好的大學。」於是父母和孩子一起努力，準備殘酷升學考試的例子，也越來越多了，不僅如此，在不久的將來就要追上男孩腳步的，或許就是現在的女孩。

為了準備升學考試，從小就開始上補習班，讀書也是配合著理想志願學校的考題趨勢在準備，每天從早到晚就是在死背中度過……。不能出去玩，每天過著這種生活的孩子，之後會變得如何呢？大家知道嗎？

一舉考上理想志願，進入一流名校，不過卻因為無法融入周遭環境而被孤立排擠在外，最後變成繭居在家的孩子；深信「我很會讀書，我很了不起」，最後變成獨裁主義的孩子；一旦考上大學後，突然失去了目標，最後變得毫無生氣的孩子；或是因為準備升學考試，被壓抑太久的怨恨一夕爆發，演變成家庭暴力的孩子等……。透過填鴨方式教育出來的孩子，怎麼看都無法為國家社會做出貢獻。我看過太多這類的例子了。

如果能夠考上理想志願的話，那也就算了。兒童期、青春期的所有寶貴時間都奉獻給學業，而且全都是死背、填鴨式學習，但最後結果卻是不幸落榜的話……當知道自己所做的事情全部都是白費力氣的時候，彷彿一個晚上突然傾家蕩產，這種深刻的絕望，家裡有考生的父母親應該都能夠想像吧！

我認為**應該讓孩子採取「雖然沒有考上理想志願，不過可以學到很多東西，並且**

提升內涵」這種能夠獲得滿足感的學習方式。

而所謂「可以學到很多東西，提升自我內涵的讀書方法」，就是多閱讀好書。

說到閱讀，很抱歉，光看一些「話題性十足的暢銷書」，並沒有多大的意義，**應該要閱讀已經傳頌百年的古典作品或是經典名著，才有辦法幫助孩子提升涵養。**

說到閱讀的魅力，很多人會回答：「可以透過書本知道很多事。」這也是正確答案之一，不過相較於這一點，我更想告訴各位，閱讀的魅力在於「可以培養孩子的想像力」。關於這一點，我想各位只要把書本和電影稍做比較，就可以明白了。

如同各位所知，截至目前為止，已有許多經典名著被改編成電影，這一陣子，從最新的暢銷書到被稱為經典的著作，許多奇幻小說已被改編成電影，原著小說要是愈暢銷，在改編成電影時，導演就會愈小心處理，希望盡可能保有原著裡的世界觀，將原著的原汁原味，完整呈現在電影中。儘管如此，對於讀過原著，喜愛原著的人而言，電影卻不如原著般的令人著迷。

在閱讀的時候，我們可以自由自在的在作品所描述的世界裡幻想悠遊，從主角的長相、街道的樣子、風景，有時連香氣或味覺都可以想像，因為想像的世界裡沒有盡頭，也正因如此，看過書的人就會不自覺的想把書拍成電影。

可是，一旦當書本的內容變成電影畫面時，我們就喪失了想像空間，變得只是追著故事情節跑。（當然，如果可以把電影當作一個完全不一樣的新作品來欣賞的話，那就另當別論）。

在閱讀的時候，我們能夠暫時忘卻現實，徜徉於自由自在的幻想世界裡，只有透過閱讀才能獲得這個美好時光，而且**閱讀時的幻想力，可以成為「感受性」「創造力」和「好奇心」的原動力。**

「看書很浪費時間，看看電影就好。」會這樣認為的人，就好像那些只看過古典作品或是世界名著的大綱，就覺得自己已經充分了解這些作品的人一樣；如果沒有讓孩子從小養成閱讀的習慣，孩子就無法明白，比起只知道故事情節，仔細品嘗故事裡的世界，想像之並樂在其中所能獲得的喜悅有多大。

另外還有一點很重要的就是——「**本身不看書的父母，是無法教育出喜歡閱讀的孩**

子」。

沒有看過父母樂在閱讀的孩子，無論父母如何苦口婆心的告訴他們：「閱讀是件好事，你要多看一些書！」對他們而言，閱讀還是像是死背這種讀書方式一樣無聊。

實際上，頭腦好的孩子很常看書，然後通常這些孩子的父母會比小孩更常看書。書櫃裡陳列著一整排經典作品，所有的書都有被翻過好幾次的痕跡，在這種家庭裡長大的孩子，有很多是優秀的孩子；這是我多年來指導過許多孩子，並與很多家長談話過後，所得到的實際感受。

因此，讓自己的小孩養成閱讀習慣這件事，請把它想成除了孩子，還能連同孫子，孫子的孫子，都能養成閱讀的習慣。

在告訴各位「讓小孩子多看些好書」之前，我要先大聲的告訴各位：「請家長自己先養成大量閱讀好書的習慣。」

14 機伶的女孩懂得拿捏分寸

因為長年指導升學考試的緣故，所以我接觸過的孩子相當多，根據我的親身經驗，我不得不說日本公立國中的師資正逐年下滑，當然不可否認還是有師資優秀的學校。

可是優秀的老師正逐漸減少是不爭的事實，每當學生跟我聊到校園生活的時候，裡面總會有一些內容讓我錯愕不已，我想如果是一些感性十足的人聽到這些內容的話，肯定會想大叫：「我真的受不了了！」也不無可能。

比方說，我曾聽過這樣的事情，各位知道「冰凍紅綠燈」這個遊戲嗎？「冰凍紅綠燈」這個遊戲是改良過的「紅綠燈」，其遊戲規則是被鬼抓到的小孩在規定的時間內，要「冰凍定格不能動」。

應該是保持奇怪的姿勢固定不能動這種滑稽的模樣，抓住了孩子的心，所以在某間小學的班級裡蔚為流行。

可是有個知道「冰凍紅綠燈」這遊戲的班導師，有一天突然命令所有同學：「禁止玩冰凍紅綠燈遊戲。」禁止同學玩這個全班都很熱衷的遊戲，理由想必是非常合情合理的吧！

可是據說該班導師禁止同學玩「冰凍紅綠燈」的理由，竟然是——「靜止不動的話，就沒有運動到了！」連我都不禁瞠目結舌了，聽到這樣的事情，如果有人不覺得錯愕的話，請務必讓我好好膜拜他。

或許這不過是個個案，但是像剛剛這種不講道理的老師，或是課堂上從頭到尾都只對著黑板拚命寫板書的老師，還有對著每天幫植物澆水，認為「只要跟植物說話，它就會開出漂亮的小花」的學生說：「你腦袋有問題嗎？」這種神經大條的老師。這些差勁老師的例子，如果要舉例說明的話，還真的是沒完沒了。

當然像這樣差勁的老師也存在於私立學校，不過從比例上來看，公立學校還是比較多，這是不爭的事實。

要是孩子遇到這樣差勁的老師，孩子應該怎麼做呢？

是該跟孩子說：「老師說的話一定是對的，你就不要報怨東報怨西，照老師說的去做就對了。」然後要求孩子當一個聽話的乖學生嗎？

還是應該跟孩子說：「老師的要求不合理，你一定要堅決的跟老師抗議，奮戰到底！」然後親子一同對抗老師嗎？

不管哪一種都是錯誤的做法。

首先，先來說說前者。的確，在大人的世界裡，常常有所謂的「小蝦米不要對抗大鯨魚」，或是「上面的人開口，黑的也可以說成白的」「上頭人說的話，不要多嘴，照做就對了」，或許這些是為了方便生存於這社會的潛規則，可是我們應該要告訴孩子這些潛規則嗎？我絕不這麼認為。

事情的是非對錯不是靠自己做出判斷，而是由上位者所決定的——如果讓孩子抱持著這種觀念成長的話，總有一天，孩子會成為一個放棄自我思考的人，也就是鐵定會變笨。那些會被異教徒洗腦的年輕人，或許小時候就是這種放棄自我思考的孩子。

接著是後者這種要奮戰到底的做法，我必須說這種做法也有問題。的確，我們沒有必要盲從錯誤的想法，或許堅決的對抗到底才是正確的，不過這樣的結果會變得如何呢？

「你說的沒錯，是老師我錯了。」老師會這樣承認自己的錯誤嗎？如果這孩子是個可以讓老師願意承認自己錯誤的這種大人物，一開始就不會被老師強迫接受一些不合理的事情，如此一來，奮戰到底所得到的，只是被貼上「叛逆的孩子以及問題家庭」這樣的標籤，還不只如此，因為被當成是「破壞班級和諧的學生」，所以入學申請書裡的導師評價，肯定也是很淒慘。

當孩子無條件的服從不講理的老師和學校教育，而成為一種常態的時候，孩子的頭腦會變笨；可是選擇了奮戰到底這條路，入學申請書上肯定會被寫得慘不忍睹……。

那麼應該要怎麼做呢？身為教育顧問的我認為，「雖然對於現行的學校教育採取批判的觀點，可是還是要取得漂亮的入學申請書」，這種做法才是最理想的。

「雖然老師的要求很不合理，而且蠢到無所適從，不過只要表面上假裝服從老師的要求就沒問題了吧！」像這樣**懂得拿捏要領的精明態度，是聰明女孩的絕招**；相反的，男生往往會直接把不滿表現出來。

這種要領並非一朝一夕就能養成。當孩子對學校或老師的做法感到不合理，向父母反應的時候，如果父母直截了當的跟孩子說：「不要為了這點小事動不動就生氣，你只要跟老師說：『是，我知道了。』假裝聽進去不就得了。」這種做法也不值得讚許，因為這樣做只會讓孩子認為「媽媽都不懂我的心情」，然後就把心門關上了。

此時，我建議各位可以告訴孩子：「嗯，老師可能有他自己的想法，要不要試著照老師的話做做看呢？雖然媽媽我是覺得這樣還滿蠢的。」**像這樣不著痕跡的教導孩子真心話和場面話的區別，讓孩子在這過程中，自然而然學會拿捏分寸的要領，對孩子而言也可以當做是種「現代社會的學習」**。

第2章

關於女孩的教養

15 「好習慣」的培養決定女孩教養的一切

最近有越來越多人到達退休年齡，從公司退休後，選擇在鄉下度過第二人生。雖然如此，但其中只有少數人會選擇離開家人，獨自展開鄉下生活，絕大多數都是選擇和另一半一起移居。

那麼我在這邊出個問題考考各位。

請各位想像一下：「雖然不願意，可是在配偶的強烈要求下，只好一起移居到鄉下。」這種並非夫妻兩人都想要移居的情況。

這樣的情況下，請問您覺得勉強跟著另一半移居鄉間的丈夫或妻子，誰會比較快適應新環境？我想應該有很多人會認為：「應該是妻子吧！女生的適應力應該比較好。」

但是事實上，正確答案卻是「丈夫」；**相較於男性，女性比較有遲遲無法適應新環境的傾向。**

特別是喜歡和女性友人去一些很講究的餐廳吃午餐，常常去百貨公司逛街購物，看舞臺劇表演……，像這樣越會享受都會生活的女性，越會認為：「以前的生活明明這麼開心，明明這麼方便。」所以無法適應鄉下生活。

相較於女性，男性在一開始的時候雖然也會不知所措，但是很快就能把從前還算愉快的都市生活當成過去式，想：「我也有過以前那樣的生活啊！」

舉這個例子的用意是要告訴各位，如同我在7裡也曾提到：「相較於男性，女性對於各種事物，比較容易養成習慣。」而且一旦養成習慣後，就很難戒除。

習慣了只要按個按鈕就可以燒熱水的生活後，就沒有辦法只用冷水洗碗盤；習慣了只要一通電話什麼都可以幫忙外送的生活後，每天要你去超市買東西就會變得非常的痛苦……，像這樣的例子多得不勝枚舉。比起男性，感覺上會一臉認真的說：「生活水準一旦提升了，就不能再往下掉」的，通常是女生比較多。

當然這並不侷限於大人。小孩更容易在各式各樣的事物上養成習慣，尤其是女孩，一旦習慣根深蒂固後，就會很難改掉。

就以大家都很熟悉的餐桌禮儀來當作例子。吃飯時把手肘撐在桌上、咀嚼時發出聲音、或者是把背靠在椅背上……，如果放任不管，讓孩子養成習慣，以後即使在重要場合，孩子也會很難遵守規矩。

為了避免這樣的事情發生，應該要怎麼做呢？除了父母親要一一糾正孩子之外，別無他法，不過我知道有些父母不喜歡對孩子的一舉一動都要插嘴，我想那是因為這些父母會擔心：「像這樣一直對孩子嘮嘮叨叨，小孩會不會變得只會看大人臉色做事。」

如果一直對著男孩嘮叨：「那個要這樣做，這個要這樣做，你不可以那樣，你不可以這樣。」會讓他日漸消沉，有可能會教育出沒有父母的指示，就什麼都不會做的孩子。

不過如果是女生的話，則可以從這些嘮叨裡學習，例如：「媽媽總是對我吃飯時的姿勢很囉嗦，這麼說來，和外婆一起吃飯時也要保持好姿勢，不然就糟了。」類似這樣。

畢業於教養嚴格的千金學校的女性，在長大成人後回想當年，很多人都會覺得：「那個時候不管是什麼事情，老師都會嘮叨個不停，真的很煩，不過現在想想，真的很感謝當時老師這麼嚴格管教我們。」從這一點就可以證明，女生擁有容易習慣化的特質。

可是，**「我是為了你好才這麼嘮叨」，這種一副有恩於你的說法，很容易造成反效果**，相信各位都有這樣的經驗吧！

反而是被偶爾見面的奶奶或朋友的媽媽誇獎說：「你吃飯的時候真的很有家教」之類的，孩子才會發現別人讚美的，正是父母一天到晚嘮叨糾正的結果，這時候孩子才會相信：「媽媽這樣嘮叨我，真的是為我好。」然後下定決心：「那我就繼續保持吧！」最後順利得培養了好習慣。所以試著請周遭的人從旁協助吧！

16 彬彬有禮的孩子聰明

延續上一個小節的內容。小孩子，特別是女孩，「行為舉止合宜」對於她們的學習能力，有很大的影響。

在開始說明之前，首先就「有教養」與「行為舉止合宜」的差異做個說明。雖然不必如此鄭重說明，但所謂「有教養」，指的是**彬彬有禮的態度，絕對不會吵鬧、喧嘩，當然也不會使用不雅字眼，絕對不會做出下流的行為舉止……**，這些都是所謂的「有教養」。

當其他的同伴在吵鬧的時候，只是安靜的微笑，絕對不會參與其中……，各位眼前是不是好像浮現了許多家世顯赫的名人呢？像這種彬彬有禮的孩子，光是待在旁邊，都會讓人忍不住想要正襟危坐，在父母看來，或許會希望這樣的小孩「能夠和自己家的孩子做朋友」，不過像這樣太過拘謹的孩子，反而會有讓人想要敬而遠之的傾向。

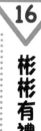

相較於此，「行為舉止合宜」是指在必要的時候，其行為舉止能合乎禮儀。

在朋友的房間裡和朋友一起玩耍時，盤腿輕鬆的坐著，可是當朋友的父母端著點心進來時，能夠立刻端正坐姿打聲招呼說：「您好，打擾您了。」像這樣的孩子可以稱作是「聰明」吧！

相反的，如果無法區分在家裡與在外面的態度，則很容易被認為「愚蠢」。

有教養是件非常重要的事，不過當您看見一個人不論何時何地都舉止端莊，氣質高雅時，您會怎麼想呢？如果這個人真的是上流社會的一份子（並非冒牌貴婦等），身邊圍繞的都是氣質高尚，行為舉止優雅的人，那就另當別論。

不過如果是生活在普通人的世界裡，不論何時何地都保持舉止端莊的話，可能會被其他人認為「擺架子」、或是「自以為是，以為只有自己活在不一樣的世界裡」，最糟的情況，搞不好還會被別人笑說：「是不是有病啊！」

可是，如果周遭的人都是用「好噁心、少囉嗦」這種粗俗的方式說話，就徹底的被他們影響同化，變得無法好好約束規範自己的行為舉止，這樣也會是個問題。

能夠根據場合，瞬間判斷應該採取什麼樣的行為舉止，並且靈活運用，像這樣的人，可以說在冷靜觀察周遭，及狀況判斷這兩種能力上，都表現得十分優異。這兩種能力會隨著課業內容日漸複雜，變得更加重要，而且還可以用來判別一個人的頭腦是好是壞；這種「觀察力」與「判斷力」，是智能的源頭。

在大人裡面，偶爾也有無法根據場合調整言行舉止的人，這樣的人很容易被認為「沒有教養」或「沒有家教」，被認為「沒有教養」或「沒有家教」，正是「行為舉止無法合乎禮儀孩子」的下場。

能夠正確的判斷情況，根據情況選擇適當的言行舉止，這樣的能力是睿智、教養、家庭環境的綜合表現。

我指導過許多孩子，偶爾會遇到沒有禮貌的學生。

例如看到人不會打招呼，或是只會用跟朋友說話的口氣說話，或是不知道跟別人學習時應該有的態度……，當我遇到這樣的孩子，首先想到的就是：「這孩子的父母不懂得怎麼樣教育孩子，真可憐。」禮貌是一種家庭教育，沒有受過這種家庭教育的孩子，真的很可憐。

特別是開設鋼琴教室等藝術類補習班的老師，對於沒有禮貌、不懂禮節的孩子，會傾向只教授他們表面的東西。

才華洋溢的孩子就另當別論，如果不是的話，老師是否要更進一步深入指導，可以說是取決於孩子的行為舉止。

話雖如此，我並不是要各位教育孩子即使在家，也要對父母使用敬語，也不是要告訴你們，必須禁止自己的孩子與那些只會用「很噁心、少囉嗦」這種措辭的朋友往來。

「在家的時候，行為舉止總是隨隨便便，可是只要一踏出家門，就會相當守規矩。」或是「在學校跟朋友用時下的流行語對話，可是一回到家之後，從『早安』到『晚安』，都可以規規矩矩的使用正確的日文對話。」像這樣，培養小孩根據場合，選擇適當的言行舉止，這種能力對於容易受周遭影響的女生而言，顯得特別重要。像這樣**能自然養成適度行為舉止的女孩，會擁有敏銳的觀察力及判斷力，當然會變聰明。**

17 「含蓄」、「楚楚可憐」已經不再是女子的美德了

「女生要站在男生後方一步的距離，支持男性，尊重長者。什麼自我主張！真是荒謬至極！」——大家應該都覺得，邁入二十一世紀的現在，還能夠用嚴肅的表情闡述這樣女性形象的人，應該已經不復存在了吧！

不過即便到了現在，還是有父母會認為：「說來說去，還是像這樣含蓄，楚楚可憐的女生，比較受男生歡迎；能夠進入好公司，嫁到好人家的，也是這樣的女生啊！」說真的，到現在還留存著這種觀念，實在是讓我有點驚訝。

實際上我訪問了一些國、高中的女生，她們告訴我：「對啊！真的有這種女生喔！」長輩們聽到這個答案，可能會感激「大和撫子依然健在」（在日本，「大和撫子」是溫柔婉約，具有傳統美德女性的代名詞）

不過現代大家是怎麼形容這些所謂的「大和撫子」們，各位知道嗎？

「優柔寡斷」「很不乾脆」，再加上「沒有自我」「很笨」等，「大和撫子」被大家批評得體無完膚，而且這樣的評價並不是只存在於女孩之間，男孩也會認為：「不把話說清楚，優柔寡斷的女生很討人厭。」而對這樣的女生敬而遠之。

不只如此，足球向來被認為是對女生很粗魯的運動，但大家反而替日本足球女子代表隊取了一個暱稱，叫做「撫子Japan」。這正是大家對於「大和撫子」這種女生的反動，所產生的結果。

先不談這個，實際上，對於依然保持舊有姿態的大和撫子，相同世代的女生只要和大家相處一陣子就可以立刻查覺她們的存在。

總之，她們沒有「自己的意見」，如果問她：「要幹嘛呢？」她就會笑著說：「都可以啊！」再深入一點問她：「那你想要做什麼呢？」她會：「嗯嗯……我配合大家。」如果再繼續追問：「我就是在問妳，你想做什麼啊？」她就會說：「你這樣問我，我也……」就陷入沉默，或是淚眼汪汪……。

看到這樣的女孩，您會覺得如何呢？我不是說所有的大和撫子都是這樣子，不過各位不會覺得這樣的女孩很麻煩嗎？這種女孩的特徵就是，她們會極盡所能的去服從場面掌控者的意見。

如果這些女孩是因為「男生都喜歡這種順從的女生」，而故意耍手段這麼做的話，那只要警告她：「這種誤解也該適可而止了吧！」就可以解決，可是讓人煩惱的是，這種女孩偏偏不是為了耍手段，也不是要貪圖什麼，純粹是因為她們認為只要跟著別人的指示做就不會犯錯，所以總是等著別人下指令。

也就是說，這類的女孩純粹只是優柔寡斷，沒有自己的想法而已。今後的時代，女性被要求的是擁有自主性與自我的想法，如果連自己的意見也無法好好的表達，可說是前景黯淡。

的確有很多男性覺得擁有強烈自我主張的女性很棘手，不過可千萬不要搞錯，所謂「討厭女生把話說得太白」的男性裡，其實有很多人都是專制獨裁的人，純粹只是不喜歡聽別人意見這種令人討厭的男性。

這樣的男性儘管擁有高學歷或崇高的社會地位和經濟能力，可是若要與這樣的人一同生活，真的會是件幸福的事嗎？

我想鄭重的向各位強調，**能夠擁有自我主張，是幸福人生不可或缺的要素**。

話雖如此，不過大聲主張自己的看法，堅持別人要接受自己的意見，這樣的做法其實稱不上是聰明。

以討論家族旅遊的地點為例，聰明的女性就會這樣做：「想去哪裡呢？如果想去海邊的話，可以去南伊豆的祕密海岸；如果想去山上的話，可以去八之岳看夕陽和日出，你覺得哪一個比較好呢？還是……」像這樣一邊巧妙的誘導對方，一邊提出自己的意見。

不只是在家裡，女性的這種能力在工作上，對於圓滑的推動事務進行，也非常有效。

比起用強勢態度要求對方妥協的這種強硬的談判能力，一邊假裝尊重對方意見，一邊誘導對方按照自己的想法進行的這種軟性談判能力，才是符合今後的時代需求。

那麼，這種女性特有的智慧該如何培養呢？

只要在任何情況下都問問孩子的意見，就可以培養出這種智慧。例如從暑假要去哪裡旅行到窗簾的顏色，今晚要吃什麼，明天要穿什麼衣服，每件事情都逐一詢問孩子：「你想怎麼做？」

話雖如此，如果什麼都照著孩子的意見去做，孩子會以為所有的事情都能夠按照自己的想法進行，最後只會變成任性的「女皇」而已。因此教育孩子的技巧，在於聽了孩子的意見後，「可是媽媽是這樣想，因為……」像這樣說明自己的想法，然後再問問孩子：「那你覺得呢？」

在這樣的過程中，孩子可以仔細思考自己想要怎麼做，以及自己的意見是否具有正當性等，然後做出結論。

這樣的做法比起不讓孩子發表自己的意見，強迫孩子接受父母的想法，來得更花時間，可是對於培養孩子的「判斷力」和「決斷力」，這些過程是必要的，請各位不要忘記這一點。

18 會顧家的女孩比較聰明

看到這樣的標題或許有很多人會認為：「作者的女性觀念過於保守。」或是以為：「作者想要把從前的女性形象加諸到現代女性身上。」，事實絕非如此，我可是包辦家中大小事的現代好男人。

那為什麼居家型的女生會變聰明呢？想要好好說明其中理由，就非得從「長女比較能幹」這句從古流傳至今的名言，開始解開事實的真相。

兄弟姐妹很多的家庭裡，長女會讀書的例子非常多，可是原因並不是在於「因為是家裡的老大，父母對她特別期待，所以讓她拚命念書。」

家裡兄弟姊妹越多，長女就必須「代替母親」幫忙分擔家中的大大小小雜務，長女比較能幹的祕密，其實就藏在這件事情裡。

不管本人意願如何，長女從小到大就被迫要分擔家務，幫忙照顧年幼的弟弟妹妹，長女就是在這樣的環境下長大的。比起家裡弟妹較少，家務都由媽媽一人獨自承擔的女孩，長女所獲得的經驗值是壓倒性的高。

要怎麼做才可以有效率的把洗乾淨的衣服摺好；要怎麼樣才可以在短時間內把飯菜準備好；有什麼方法可以有效的讓哭鬧的弟弟安靜下來等等，長女總是一邊思考，一邊同步處理各種不同的事物；為了成為一個優秀的家庭主婦，這樣的能力也是相當必要的，不僅如此，想要在短時間內找到有效率的讀書方式，這種能力也是不可或缺的。

在前面我曾說過，不論男生、女生，在孩子的成長過程中，我認為最不可欠缺的，就是**不斷累積更多的經驗**。

如果是男孩的話，在山野林間奔跑，與大自然嬉戲的經驗，都可以在日後的學習上發揮作用；相對的，女孩在家中累積的各種經驗，對於能力的提升以及學科能力的增長，都有很大的助益。

不過對教育越是熱心的家長，就越容易悖離這種想法，也就是這樣的家長普遍都會認為，提升孩子學習力所需要的是拚命念書，玩樂或是幫忙做家事，都是多餘的，如果有時間的話，倒不如拿去多背一個單字也好。可是我必須要說，這樣的想法真是大錯特錯。

我不是要說「讀書不是人生的全部」這種場面話。累積了各種經驗的孩子，會比較懂得如何對照個人經驗來解決問題，這種孩子擁有確實的「應用能力」，「聯想力」也比較豐富，頭腦也轉得比較快，這些經驗的累積，不只能夠用來解決日常生活中各種無法預期的問題，在升學考試中，也可以發揮很大的作用。

要怎麼做，才能讓女孩自然而然的培養這種能力呢？答案其實非常簡單，只要讓她多幫忙做家事就好了。**除了「你真的幫了我一個大忙，謝謝你！」這樣表達感謝之外，即使沒有做得很好，對事情的成果也要儘量給予評價和讚美。**

例如：「你煎的荷包蛋真的好好吃」「因為你幫我打掃了房間，房間變得亮晶晶的」「你衣服摺得很整齊」，就算是一些芝麻小事，也要好好稱讚她。

此時，您或許還會想要多加一句：「如果可以再這樣做的話，就會更棒了呢！」不過，請把這句話留到下次再說，這次請先好好誇獎她。

沒有小孩不喜歡被人稱讚，特別是女生，被稱讚就會產生自信。但需要注意的是，

如果誇獎過頭，反而會讓孩子有壓力，覺得：「如果不好好加油，就不會有人愛我。」

或許有家長會擔心，「她明明沒有相當的實力，可是我們卻一天到晚誇獎她，最後會不會讓她變成過度自信，成了一個自以為是的人呢？」

現實生活中的確有很多這樣的人。

可是，讓小孩子打從心裡擁有「我好棒！」「我是好孩子！」這種毫無根據的自信，是非常重要的，如果孩子缺乏自信，就無法養成積極的態度，來挑戰新的事物，或是無法培養總之先試試看的這種行動力。

也就是說，**自信是孩子成長的原動力，沒有自信，孩子就無法發揮自己擁有的能力。**

教育孩子時，**讓孩子擁有「如果是你一定辦得到」**的這種自信，是很重要的，要培養這樣的自信，「什麼都讓他去體驗看看，然後稱讚孩子體驗後的結果」，是不可或缺的。

如果閱讀此書的父母裡，有人總是習慣對孩子所做的事情嘮叨不停，或是一不小心就批評孩子的做事，請您先把觀念調整一下，試著跟孩子多說：「你好棒！」「你好厲害！」「謝謝你！」，如此一來，孩子的眼睛裡，肯定會散發出自信的光芒。

19 任性的孩子數學差

現在日本正面臨嚴重的少子化時代。

但是實際上，有些育有子女的父母似乎認為：「小孩子少一點的話，就可以花更多的時間和金錢在孩子上面，少子化有什麼不好。」

不過各位是否注意到，所謂「能夠花更多時間和心力養育孩子」，其實反而會造成反效果。

的確，孩子越多，越有可能造成「沒有太多時間和精力栽培孩子」，或是「一味的要孩子忍耐」這樣的問題，所以家裡孩子很少，或是只有獨生子、獨生女的時候，就不會有這種困擾。

可是這樣的結果，卻會讓孩子變得「嬌生慣養」，等到父母察覺的時候，孩子已經變得無可救藥的任性了。像這樣的例子並不少，尤其是女生，從小就被當成掌上明

珠，疼愛有加，認為「世界就是以我為中心」，最後成了任性女孩的例子，更是多得不勝枚舉。

這是相當嚴重的問題。

任性的孩子無法和社會大眾互相妥協讓步，不管別人的意見如何，只要自己討厭的東西，就堅決主張討厭。

任何孩子都會有其任性的一面，堅持「討厭的東西就是討厭」這樣的態度，可以說是每個小孩成長的必經過程之一；不過在這成長過程中，孩子會漸漸懂得，「討厭的東西就是討厭——這樣的態度其實是行不通的」。

最後孩子會自己發現：「要是說了討厭，就必須拿出證據來說服別人。」

於是從「我才不要吃青椒」，變成「青椒又苦又不好吃，所以我才會不想吃」，從「那個人好討厭」，變成「每次遇見那個人，他都會故意挖苦我，讓我很難受，所以我才會不想見他」之類的；培養出這樣的邏輯概念，讓對方聽了覺得：「原來如此，那就算了吧！」像這樣想要提出證據來說服對方的態度，可以培養孩子的邏輯思考能力。

但是，即使孩子沒有特別說明理由，父母也覺得：「如果你不喜歡的話，那就算了。」然後就放任孩子。那麼事情會演變成什麼狀況呢？結果就是孩子不管到了幾歲，都無法養成邏輯性的思考。

現實生活裡，偶爾還是會遇到一些大人毫無理由的討厭吃青椒、胡蘿蔔，或是討厭特定的人，問他為什麼會覺得討厭時，也只會說：「就是討厭嘛！」大家一起討論事情時，總是不知所云反對到底，大多就是這類的人。

看到這樣的人，各位會怎麼想呢？

雖然沒有說出口，可是會不會覺得這種人「很笨」或是「很可憐」呢？

沒錯，正是如此。我認為任性的人，豈止是不懂得邏輯思考，被認為沒有智慧也是理所當然的。

或許會有人把邏輯性思考誤以為是「好辯」，認為「女孩子不需要這樣跟別人理論」。

但是邏輯思考，特別是在算數、數學學習上，是不可或缺的，而且所有的學習都是以邏輯為基礎，也就是說「沒有邏輯＝頭腦不好」。

請各位回想一下我剛剛所說的，「即使長大成人還是會毫無理由討厭吃青椒的人」，是不是也覺得他們「很可悲」呢？

所謂的聰明，指的就是具備邏輯思考的能力，因此如果把任性這個思考邏輯上的矛盾點放著不管，孩子的頭腦勢必會變得更差。

當孩子過度任性時，父母必須採取堅決的態度，絕不縱容，這樣的態度可以培養孩子的邏輯性，孩子不僅數學會變好，最後連頭腦也會跟著變好。

20 自由支配的零用錢越多，女孩越不成器

與男孩的父母不同，女孩的父母對於學習成果、未來出路的要求比較寬鬆；對多數的家長而言，男孩子就要依循「好大學→好公司→人生勝利組」這種公式，但有些女孩的家長會認為：「因為是女生，學歷差一些也沒什麼關係。」

關於這一點，因為牽扯到每個人不同的價值觀，所以我沒有異議。（首先，我並不認為「只要學歷好就可以成為人生勝利組」。）

在這個時代，如果說女孩的家長有什麼共同心願的話，應該不是希望孩子進入好大學，也不是嫁入豪門，而是「希望孩子絕對不要成為援交妹之類的人」吧！

一點也沒錯。無論時代如何變遷，應該沒有父母會希望自己的女兒變成為了錢什麼事情都做得出來的人吧；話雖如此，但可悲的現實是，仍有許多女孩可以若無其事的從事「援交妹」的工作。

這絕非事不關己的事情，在現今日本，負責教育女孩的父母，必須更深入思考援交這個問題。

女孩她們可以毫不在意出賣自己身體的理由，可能是家庭方面的問題，例如缺乏道德觀等等，不過我認為最根本的原因是**「偏差的金錢觀」**。

我們的父母在他們的青少年階段，因為沒什麼零用錢，就算買不起東西也很正常，即使有想要的東西，「沒錢可買也沒輒」，於是索性放棄不買了。能夠如其所願得到想要東西的人，是少之又少。

無論如何都想得到的話，就只能拜託父母或與父母商量等等。不過現在已經不是這種要費盡心思，才能獲得想要東西的時代了，現在「想要」與「到手」，是直接連結的。

因為獲得想要的東西是很理所當然的，所以現在的孩子無法接受「竟然有得不到的東西」。因此當她們有想要的東西，但確沒有錢可以買的時候，就會為了趕快弄到錢，去從事能夠快速賺錢的援交吧！

為了不要讓孩子變成這樣的女孩，父母親可以做的就是——**徹底執行「不要給予**

過多的金錢或物質」。

有別於過去孩子生得多的時代，少子化的現在，父母可以為心肝寶貝多花錢，有越來越多的家長只是「想看看孩子開心的笑容」，就輕易掏錢買東西給孩子。

可是請想想在您的孩童時期，每年可以買幾次玩具呢？大概只有生日、聖誕節，以及爺爺或奶奶來訪時才可以吧。買到朝思暮想玩具的那種喜悅，現在應該有不少人仍記憶猶新。那麼現在的孩子又如何呢？如果孩子喜歡的卡通圖案推出新產品時，因為新產品看起來好像很有趣，即使孩子並沒有特別說想要，有許多家長還是會掏錢買給孩子。如此一來，孩子就無法體會到「好不容易買到想要的東西」，那種喜悅或感動了，甚至還會教出「什麼都要買給我」的孩子，毫無疑問的，這樣孩子就會變得任性。

是否還記得我在▽7和▽15曾經提到「女性的習慣性比男性強」呢？如果從小是在「想要的東西一定要弄到手」「一直不缺錢」這種思維裡成長的孩子，就會養成「有想要的東西就要馬上得手」的習慣。

這樣的意識如果太強烈的話，就會變得無法接受「想要的東西竟然得不到」的現實，最壞的結果就是變成為了錢去賣淫。這絕非危言聳聽。

那麼，為了不讓掌上明珠變成一個愚昧無知的女人，父母親應該怎麼做呢？就是**「不要輕易的買東西給孩子」「不要給孩子過多的金錢或物質」**。

如果孩子想要某樣物品時，在生日或聖誕節時再買給孩子，如果等不及生日或聖誕節的話，也可以和孩子約定條件，例如「吃完晚餐後幫忙整理餐桌一個月」這樣的做法也可以。

還有關於零用錢，我認為「國、高中生沒有必要花錢交朋友」，或是透過「零用錢是爺爺、奶奶才會給的」，以這種迂迴的方式，可能也不失為一個聰明的做法。

像這樣從小培養孩子「錢財得來不易」的金錢感覺，是很重要的。如此一來，當想要的物質超乎自己能力所及時，就不會輕易去借貸、從事援交，也可說是預防長大成人後變成購物狂的方法之一。

為了教出正直的好女孩，不要輕易給予她們金錢物質，這一點是可以左右女孩一生的重要教養。

21 沈迷電視的小孩容易誤入歧途

「我家沒有電視」，或是「幾乎沒在看電視，如果要看的話，大概只會看NHK的七點新聞」。如果有人這麼說的話，您會是什麼感覺呢？一開始當然會覺得有點驚訝，覺得有點敬佩，但最後是不是會覺得這樣的人很奇怪呢？

電視不但是一種媒體，同時也是現代社會的一種必需品。現在從世界各地的情勢乃至街頭巷尾發生的事情，所有的資訊都可以透過電視機取得。

評斷「節目好無聊，沒有看的意義和價值」是很簡單的，不過如果否定電視機所播出的「當下」是非常危險的，從某種層面來看，這種想法可以說是自以為是吧！

另一方面，在電視變成是生活必需品的現在，認清電視這種媒體的危險性！也可以說是必要的。剛剛我曾提到，「否定電視所播出的『當下』是很危險的，是自以為是的」，特別是在女孩的世界裡，這一點很重要。為了和朋友有共通的話題，知道

「現在流行什麼」，是對話中不可缺少的重要題材。現在的當紅連續劇、歌曲、受到注目的藝人、綜藝節目等情報，這些都是活在「現在」這時代中，所必須擁有的資訊。

但我認為**不要全盤接收來自電視裡的資訊，要維持不過度沉迷於電視的理性，並對電視裡的資訊保有批判性。**

為了引起觀眾的興趣，電視會有各式各樣的橋段演出，將光鮮亮麗且虛榮的有錢人賦予「貴婦」之名，如果無法進入上流社會，就不能稱為人生勝利組，這類的事情也是迎合電視的媒體特性所做的演出（啊！說起來這不僅是電視，也是所有媒體的通病吧！）

一開始，「貴婦」一詞並不存在，而是媒體不斷反複強調「貴婦」，所以才會出現這個稱號。如果沒有意識到貴婦是由媒體炒作出來的話，就會覺得自己不如人，把自己、老公或是自己的父親，當成是人生的失敗者。

或是希望自己能變成貴婦的一員開始盲目的購買名牌、玩股票，幻想可以一夕致富，這些行動舉止，充其量不過是被媒體所煽動的愚蠢行為。

這是因為很多東西只要一躍上媒體版面，瞬間就會變得光鮮亮麗，與實際的東西不同，所以憧憬華麗世界的女孩，也就特別容易被演藝圈所吸引。

近來有許多普通素人也能走紅的例子，「如果好好掌握機會，我也可以……」，有這種想法的女孩應該不在少數，這也可說是過度接收來自媒體情報的結果吧！

所謂的媒體，由電視開始，廣播、新聞、雜誌、乃至網路等，也包括其廣告內容。媒體雖然這樣日漸壯大，但我們可不能忘記媒體本身存在的目的。

受到電視卡通的影響，小女孩會模仿卡通裡的變身招式，或是學偶像唱唱跳跳，這些小孩子的模樣十分可愛。不過，有些人會覺得小孩太過聰明，缺乏孩童應有的天真，反而變得不可愛。

不過老實說，如果小學高年級以上的孩子還做這些事情的話，才會令人擔心。為什麼會這麼說呢？受到媒體影響，想變得和現在自己不一樣的孩子，有很多是在家中得不到認同，得不到關愛的孩子；再來，長時間的接觸媒體，也可能是孩子模仿電視內容的原因之一。

媒體的本質就是讓大家產生錯覺，以為大家可以共享某些事物，但實際上卻不

然。大家應該都有被媒體欺騙過吧！

就像寂寞的大嬸們會沉迷於韓劇，幻想自己是女主角，或是為世界盃足球賽奮戰的選手們熱烈加油，好像大家一起並肩作戰，但其實這過程同時也是在抒解壓力。如果大人都會這樣的話，那麼寂寞的孩子更容易被「大家可以共享某些事物的滿足感」所吸引。

「做你自己就好」「現在的你十分可愛，我愛你」，接收這類訊息長大的孩子，不會全盤接受電視或其他媒體的資訊，因為他們非常清楚「電視裡的事情和我不一樣」，例如電視報導說：「現在年輕人之間〇〇大為流行」，孩子即使知道「原來〇〇正在流行呀！不過這與我無關」，他們也不會被媒體影響。

如果看到年紀相仿的女孩受到鎂光燈的青睞，孩子也不會有「我也想和她們一樣」的想法。

其實孩子們所崇拜的那些和自己年紀相仿的偶像藝人，也是令人頭痛的存在。我不是要否定活躍於演藝圈的年輕女孩們，也聲明了好幾次，我不認為好的學歷才能決定人生，不過看到國、高中年紀的孩子從早到晚一直出現在電視上，我忍不住會想：「他們有沒有去上學」「五年之後，這個孩子會變得如何？」

如果因此能夠受到矚目也就算了。明明年紀還小，卻把學業放一邊，也不看看書或聽聽好音樂，從頭到腳模仿偶像明星的穿著打扮，成天參加試鏡會，夢想成為明日之星，看到這些孩子，我就不由得擔心起他們的未來。

由電視發端，現在是個情報資訊爆炸的年代。

對多數人而言，獲取資訊是為了繼續存活在這時代的必要行為，可是在獲取資訊的同時，也要具備過濾篩選資訊的智慧，以及不全盤接受情報的理智。

如果不加以過濾篩選，接收過多資訊的話，就會喪失判斷事物的能力，變成一味追求流行的膚淺大人，甚至還有可能會迷失自我。

只有父母才能教導孩子處理資訊情報的方法和保持距離的方式。為了讓孩子能和媒體保持正確的關係，首先我希望家長們能多留意，不要過度相信媒體所說的事情。

22 女孩不會「樣樣精通，大器晚成」

自古有「魚與熊掌不可兼得」「追二兔者不得一兔」等諺語，說明各種事情都參一腳、沾點邊並不太好，而是應該要專注集中在某件事物上，並且深入探究。

如果把這種想法套用在考試上的話，就會變成是：「為了考取好學校，所以要專注在念書上，其他事情都不要做。」

各位讀者可能會想：「什麼！這不是廢話嗎？想要腦筋變好，除了念書以外的事情，應該都不需要吧！」

請稍等一下！試著回想看看，小時候覺得很聰明的那個女生，她只有會讀書嗎？除了念書以外，音樂、美術等科目的成績也很好，家政課的料理實習不也做得很棒嗎？

如果問她：「你是怎麼辦到的？」「這個嘛！就這樣……」那個聰明的女生是不是什麼事情都能掌握訣竅，乾淨俐落的完成呢？

當然，也有只會念書，國語、數學、自然、社會、英文都很厲害，但其他項目一竅不通的書呆子女孩。比起只會死讀書的孩子，反而是什麼都會的孩子學科成績比較好，不是嗎？

不只是會讀書，美術、音樂等等也沒問題，甚至家事也做得很好，這種女孩才是聰明的女孩。

我多年來指導許多孩子後得到一個心得——**比起什麼都想嘗試看看，最後容易落得「魚與熊掌無法兼得」的男孩，全方位多才多藝的女孩，其實比較聰明。**

全方位多才多藝孩子的優點，是可以在公立學校，甚至是高升學率，所謂的明星學校入學考試中發揮實力。

因為升學率高的明星學校除了會讀書的學生以外，也希望能夠招收具有音樂、美術專長，或是會製作網頁，擁有電腦技能的學生，所以學校會傾向從推薦制度中錄取多才多藝的孩子，只會念書的孩子，則是從一般的入學考試錄取。

學校希望藉由這類多才多藝的孩子來提升學生或學校的素質，在A・O（自我推薦型的口試入學）這類以面試為主的考試中，學校一定會問：「除了念書以外，你還會什麼呢？」

不只是高中入學考試，大學入學考試（尤其是商學系更有這種趨勢）或是企業徵才，也常有一般常識的相關測驗。想要發掘優秀的人才，除了會念書，這個人是否還具備其他技能，也是很重要的，在現實社會中，這些狀況比各位所知的更為普遍。

還有如果到了想要交男、女朋友的年紀時，什麼事都會的人，也能提高遇到好對象的機會。大家可不要輕忽這個優勢，相同的道理也適用在成人身上，擁有廣泛興趣的人，他們的世界也能比較開闊。

這不僅是在討論是否能談個好戀愛和結婚成家，為了增長見識，提升自己的魅力，多會一些事情、多認識一些人，不也很重要嗎？

不過很可悲的是，在準備升學考試的同時，有許多家長中斷了孩子學習多年的鋼琴、繪畫、芭蕾舞等才藝。

還有也常看到把念書擺第一，孩子再也不用幫忙做家事的例子。如果是在最後已經快要接近考試的關頭也就算了，離考試還有將近一年的時間，就讓孩子不用幫忙做家事，只要專心準備考試就好，這在女孩的教育上其實是有害的。希望各位家長要明白，**這種做法只會眼睜睜的看著女兒腦筋變得越來越笨，逐漸失去魅力**。

請想想看，會彈奏鋼琴等樂器，會畫畫，會做料理，還會念書……等等的女孩，不是很有魅力嗎？

要培養或斬斷孩子的慧根，就看家長怎麼想了。不要再有「追二兔者不得一兔」這類老古板的想法，請務必讓孩子多方面的嘗試，期望能夠教養出一個全方位多才多藝、有魅力的女兒。

因為某件事情所產生的壓力，可以藉由其他事情來轉移注意力，舒緩壓力，而舒緩後所得到的能量，又可以再投入原先產生壓力的事情上。像這樣，**有越多可以過濾循環壓力的充電站，就能越可以有效率、均衡的發揮能量。**

希望大家可以明白，為了可以專心學習左腦型的國、英、數等科目，所以要加入可以取得平衡的右腦型活動，如音樂或運動，這樣才是正確的方式。

「為了身心健全的準備升學考試，反而需要加入網球或鋼琴的學習」——其實這才是符合邏輯的學習方法，希望有更多人可以學會這種方式。

23 人生的最終目的是找到自己想做的事

大家認為「人生的意義」是什麼呢？

有個溫暖的家庭？全家衣食無憂的生活？我想每個人對於「人生的意義」都不一樣，有人會從精神層面來定義，也有人會從物質面來定義。

統整一下這些想法，明確來說，我認為：「**人生的意義就是發現自己想做的事，並付諸實踐。**」

「自己想做的事情」，換句話說，也就是自己喜歡的事情，能夠常保好奇心的事情。發現自己喜歡的事情，並能以此為生的話，人生會很幸福吧。當然，女孩子偏好「安全」與「安定」，深思熟慮後所規畫的人生，也是另一種生存之道。

例如，現在有兩位找工作的女大學生。

一位是一流大學醫學系的優秀女學生，她的想法是：「對於醫學其實並沒有太大的

興趣，只是聽說念醫科的話，未來會比較有保障，所以才念醫科。還有這個醫院的薪水待遇聽說比較好，可以過著安定的生活，如果順利的話，說不定還可以和同一個醫院的醫生結婚，如此一來應該就能過著更加富足的生活，所以我希望能在這裡工作。」

另一位女學生的想法則是：「我對於生命現象很有興趣，所以選擇走上醫學這條路，也想把『救人』當作是一輩子的工作。如果可以在這裡工作的話，我希望能夠幫助更多的生命，尤其是小朋友。所以我想多累積一些臨床經驗，來提升自己的醫術。」

如果這兩個人同時去應徵同一間醫院的話，應該很明顯的知道哪一位會被錄取吧！只有成績好卻不把人命當一回事的人，應該不適合醫生這種職業吧！像這樣，在今後的時代裡，當社會所期待的職業和自己的興趣不符時，不要亂選自己沒有興趣的工作，才會比較幸福。

要是選了不喜歡的事情當作職業，自己要提出新提案就會變得很困難，因為沒有興趣，所以沒有什麼好點子，也不意外。

這麼一來，工作內容當然也都變成主管強迫的事情。原本就不感興趣的工作，又被逼著要去處理，真的會覺得很痛苦。

反之，如果把喜歡的事情變成工作的話，無論是多麼艱難的工作，就算身體覺得很辛苦，可是精神上卻不會覺得累，而能夠全力以赴完成。

全職的家庭主婦也一樣。如果是自己最喜歡的園藝，在大太陽底下整理花草樹木好幾個小時，也不會覺得辛苦；反倒是不拿手的燙衣服，不但燙得慢，而且還會越燙越覺得得煩躁……。日常瑣事中，您是否有這類的經驗呢？

為了每天都能過得幸福快樂，「做自己喜歡的事情」是非常重要的。

所以教育的重要課題就是「**發掘孩子喜歡的事情，並讓他們樂在其中**」，要找出孩子會喜歡的事情，就需要家長的「觀察力」。

「我家的孩子一開始玩這個，就可以專心玩上好幾個小時」「可能他自己也沒注意到，他好像蠻擅長這個的」等等，如果仔細觀察孩子玩耍或做事的模樣，應該可以發現孩子「喜歡的事」「好像很拿手的事」。

如果發現孩子有喜歡或好像很拿手的事情時，可以為他們準備比較好的練習用品，或讓他們參加相關課程，為孩子提供一個可以樂在其中的學習環境。這種教育只有父母才能做得到。

當然，如果孩子自己說出「我想做做看○○」的時候，千萬不要錯過這個時機，要把握機會，讓孩子開始做做看，同時也請多多留意孩子「一開始覺得好像很有意思，所以想嘗試看看，但好像哪裡又不太一樣」這類的感覺變化，並接納他們心情上的轉變。

「不是你自己說想做的嗎？給我好好做完！」如果這樣強迫孩子的話，最後可能會導致孩子變得討厭做這件事。

對待孩子最理想的態度就是：**總之先做一次看看，如果孩子還蠻開心的話，就再繼續下去**。我們漫長的人生中，常有「小時候因為討厭學校老師，就放棄這件事情了，不過我還是很喜歡這件事，所以想再做一次看看」這類的事情。如果非要以「貫徹初衷」「武士不說二話」這類的想法去強迫孩子的話，對孩子也不好。

能開心去做的事，才有辦法長久持續下去，所以家長本身也要多花點心思，好好發掘孩子喜歡的事情，是很重要的。

24 能樂在其中的孩子會變得聰明

話說我覺得女性「樂在其中的能力」，比男性來得強。

男性對於喜歡的事可以全心投入，可是如果是不喜歡的事情，就很容易覺得「討厭得不得了」！結果可以享受快樂的事情就會減少，變得「人生都是一堆無聊事」。

相反的，女性有著以下這種特質：**剛開始其實沒什麼興趣，不過一接觸之後，覺得還蠻有意思的，現在還可以享受其中的樂趣**。

例如父母陪孩子去參加小朋友的活動時，就可以明顯看出男女之間的差異。從頭到尾都意興闌珊，只會站在會場角落抽煙等活動結束的人，反而就是爸爸，而媽媽一開始雖然會先冷眼旁觀，之後就會加入孩子的活動，最後是不是玩得比孩子還瘋？

請比較一下這兩個人，一個是回到家就嘆氣連連：「唉唉，好無聊的一天啊！早知道是這樣的話，還不如在家睡大頭覺比較好！」；另一個人則是眼睛閃閃發亮的說：「哇！今天真好玩，下次還要去！」

哪一個人比較有收穫呢？不用多想，馬上就會覺得那位樂在其中的人收穫比較多。這樣講可能有點冠冕堂皇，可是能否體會事物的樂趣會讓人生的充實程度出現明顯落差。

無論什麼事情都可以樂在其中的話，「痛苦的事情」「討厭的事情」的數量就會越變越少。

不用說，漫長人生中不會都是快樂的事情，無聊的事情很多，興致缺缺的事情也很多，如果能徹底避開這些無聊、不開心的事情生存下去的話，那會是多麼的美好啊！可是人生就是一連串「無聊又沒意思，但卻不得不做的事情」，既然如此，就不要一直抱怨「真煩、好無聊」，而是試著從中發現樂趣，並且享受樂趣，這樣會比較快活。

做家事也是如此。整理摺疊洗好的衣物很無聊，攪動米糠來醃醬菜可能也很辛苦，可是如果能發揮一些創意的話，就能把無聊的事情或是辛苦的事情變得很有趣，大家應該有類似的經驗吧！

工作當然也是如此。整理堆積如山的文件，與複雜的數字們搏鬥，這些事情本身就沒什麼創造性可言，但如果就此認定工作無聊透頂的話，那也沒什麼好說的了。

可是，找出有效率的文件整理方式，或試著解讀枯燥乏味的數字，在這過程中，無聊的工作突然就會變得很有趣。想要樂在其中，創造力是不可或缺的，想著：「要怎麼做才會變得有趣呢？」或是覺得也許有點多此一舉，但還是抱持著：「如果這麼做的話，結果會變得如何呢？」這樣的態度姑且一試。

這正是所謂的「創造力」。而「創造力」的根源其實不就是「接納力」嗎？

因為覺得「這些事好枯燥、無聊、討厭」就捨棄不去做很簡單；但是，去思考「如何將無聊的事情變得有趣呢？」與「要怎麼做才能接納這些事情」息息相關。

如同我剛剛所說的，人生不會都是開心的事情，無聊的事情其實比較多，討厭的人也比喜歡的人還要多。

就因為人生總不會盡如人意，所以要找到接納討厭事物的方式，並想辦法樂在其中。人生不也是在這過程中，才開始變得充實有趣、燦爛發光嗎？

一開始我也說了，女性比較會有「樂在其中的能力」，不過這種能力不是天生的。為了要擁有「樂在其中的能力」，從小就要讓孩子去體驗各種事情，從做家事、念書到參與各種遊戲，這麼一來，孩子才會從中養成思考「要怎麼做才會變得更有趣」的習慣性。

可能您不太相信，孩子在念書的時候，可以將「樂在其中的能力」發揮到極致。

有一種情況是孩子被逼著去念書，讀得心不甘情不願的；要不就是孩子明明不想讀，卻不得不讀。在這樣的情形下，孩子的學習能力根本不會進步，即使有進步，也很難超越與生俱來的能力吧。

而另一種情況則是**嘗過「理解後的樂趣」，或是「解題後的暢快感」的孩子們，會逐漸懂得享受學習的快樂**。這樣的孩子會自己下功夫，想辦法讓學習變得更快樂，如此一來，孩子豈有不變聰明的道理。

如果您想讓孩子變聰明的話，就要讓他們從各種體驗中培養享受樂趣的能力。

乍看之下，這種做法好像有點捨近求遠，不過我認為這才是教育的基礎教養。

25 缺乏包容力的孩子會變成失敗者

「接納力」如同字面上的意思，就是「接受容納的能力」。我們常說「度量真大」，不管是什麼事情，都不會馬上以二分法分成「喜歡或討厭」，也會有「雖然沒那麼喜歡，但也不至於討厭」這種介於中間的感覺。像這樣模稜兩可、灰色地帶較廣的孩子，會有比較多的人生選項，也會比較容易得到幸福。

女性在本質上就擁有「接納力」，有著「先接受再說」，能夠含糊曖昧接受各種事物的特性。對於任何問題，女性不會只有「Ｙｅｓ」「Ｎｏ」兩種答案，兩者之間還會有「應該是Ｙｅｓ」、「算是Ｙｅｓ」、「說不定是Ｙｅｓ」等等。她們就是會有這麼多種回答。

而男性比較會以「是Ｙｅｓ還是Ｎｏ」來結束這個話題。

因為如果不這樣的話，就會被當成是優柔寡斷、不可靠的男子。

男性很快就會忘記說「No」的理由，然後開始探討為什麼會是「Yes」的原因。反之，女性就會將「Yes」「No」擺一邊，而思考如何接受眼前的事物。

在學問、藝術的範疇或商業領域也好，可以成功達到目標的人都會說：「我除此之外，一無所有。」拋開一切，只專注於某一件事情上。

這些看起來好像是商業類書籍會以粗體字標示的重點。嗯，的確也有點道理。

應該有從小非常喜歡自然、理化、科學，所以選擇理工科系就讀，最後拿到諾貝爾獎的人吧！也有從小喜歡畫畫，之後作品得到世界的肯定，成為知名藝術家的人吧！

雖然有這種成功的例子，但請不要忘記，現實生活中，也有很多人投入著迷於某件事，但最後卻一事無成，甚至還因為太過投入於同一件事，結果變成什麼也不會的人。

「**幸福的人生，就是擁有很多興趣與樂趣的人生。**」——這是我從頭到尾一直想要傳達給各位的想法。為了要擁有許多樂趣和興趣，所以不要太果斷的認為「這個就是我的唯一」。

在這邊，「接納力」也很重要，因為能夠接納各種事物的人，比較容易發現樂趣，也比較容易找到興趣。因為這種人不會馬上就說：「我不需要這個。」對於各種事物也能抱著「總之先做做看」的心情。

「接納力」如果能再加上先前已說明過的「樂在其中的能力」，就像如虎添翼，應該可以有個幸福快樂的人生吧！

剛剛說明了「女性比男性更有『接納力』」，可是隨著女性進出社會之後，這句話就沒有辦法適用在女強人身上了。

在前一要點（24）中，我提到了「即使是無聊的事情，女性也可以樂在其中」，不瞞各位，女性可以充分發揮這種能力的場合，就是在職場上。女性可以發揮創意，把其他人看來很無聊的工作變得有趣，還能忘我的處理工作，無庸置疑的，這種「樂在其中的能力」，是個非常棒的能力與才華。

但是太過專注於工作中，將自己的一切心思放在工作上，是會發生問題的。在現代，反而是女性比較容易認為「我只有工作，工作是我的一切」，然後過度專注在工作上。

如果只是這樣也就罷了，但是這類的女強人不易認同結婚或生孩子，無法接受與自己生存方式完全相反的全職家庭主婦，甚至還會毫不在意的說：「搞不懂那些家庭主婦在想什麼！」這種少根筋，把別人當成笨蛋的女強人很常見吧！

當然她們與「接納力」一點都扯不上邊。工作就是人生的一切，就算事業有成，難道這樣的人生就會幸福嗎？

請大家不要會錯意，我不是在否定投入職場的女性們，也不是要說結婚生子才是女性的幸福。

看看這個社會，「35～40歲，嫁不出去，沒有孩子的女性就是喪家之犬」，從單身女性披露心聲的《敗犬的遠吠》一書登上暢銷書排行榜，便可以明白，手中握有越多「工作」「丈夫」「小孩」的王牌，就可以掌握更多樂趣，人生也會變得更加充實。不用說，最近忙著學插花、茶道等才藝的上班族女性，應該頗有同感吧！

不要什麼都以二分法來決定「喜歡或不喜歡」，培養可以接受各種事物的接納力，這是為了讓寶貝女兒不要成為「敗犬」的必要教育。

第3章 關於女孩的養育

26 女孩子最重要的是「感受力」

您剛生下女兒的時候，或知道懷的是女兒的時候，您希望她成為什麼樣的孩子呢？當然，希望孩子健康長大，是所有父母的心願，那麼接下來是不是希望「她成為開朗善良的孩子」「她可以變成人見人愛的孩子」，期望她們擁有「可愛」的特質呢？

喜獲千金時，父母的願望裡濃縮了所有「身為女孩的特性、魅力」。

如果要簡單說明女孩的特性、魅力，不就是「可愛」兩個字嗎？

對於花朵、動物等小生命的憐惜，或是敏銳觀察他人感受後說的童言童語，人們看到女孩這種自然流露的纖細情感時，「哇！這個女生好可愛啊！」心裡就會覺得暖暖的。

能夠喚起人們這種感覺的人不就是女孩嗎？

當然，我並不是說女孩只要可愛就好。女孩也要有主見，必要時能勇於發表自己的看法主張，也不可缺少獨立自主、自立更生的精神，當然也必須要具備經濟能力和社會性。

就像男性會擁有男性特有的長處，女性也會有女性才有的優點，我想女性的優點都濃縮於「可愛」一詞當中。

那麼「可愛」是從哪裡來的呢？我認為可愛是來自於「感受性」。

「感受性」就是對於各種事物都有敏感的反應，並以細膩的表現，來呈現心中的感覺。像是對著花說說話，欣賞蟲鳴；遇到美好的事物時，毫不掩飾表現出心中的感動，這些就是「感受性」，而且每個孩子的呈現方式都不一樣。

重要的是感受性並不是想培養就能夠培養的。

當然，等到孩子大一點，讓孩子接觸一些關於美的事物，例如帶著孩子去看展覽，去聽古典音樂會，或是看看美麗的風景，這些都能鍛鍊孩子對於美的感性。不過，「感受性」是每個人與生俱來的本能，能啟發、培養感受性的事物也會，因人而異。

正因為每個孩子呈現感受性的方式不一樣，所以當父母看見孩子閃爍著「感受性」的光芒時，要趕緊把握機會，回應孩子，因為這是「感受性」的教育。所以，父母的反應變得極為重要。

看見孩子對花說話時，您可以問問孩子：「你跟小花說了什麼呢？」或是孩子看到昆蟲屍體而哭泣流淚時：「好可憐喔，幫牠做個墳墓吧！」關心一下孩子的感受，不要破壞孩子全神貫注的世界，甚至不經意的引導孩子，讓孩子的想像變得更加豐富也很重要。

如此一來，就能增進孩子的「感受性」，讓孩子變得更有光彩。

絕對不可以有「無聊死了」或是「真噁心」這種不經大腦的批評，不用說，這一類的批評會破壞孩子的「感受性」。

對於脆弱生命的體貼，或感同身受的看待他人的遭遇，發自內心的同情與悲傷，這些善良都是源自於「感受性」。對任何事物會覺得美好或憐愛，這些細膩的情感反應，也是一樣源自於「感受性」。

看見大刺刺少根筋的女性，就算是個美人，博學多聞、辦事能力強，擁有得天獨厚的能力，還是會忍不住皺起眉頭；或是東西亂丟也覺得無所謂的女性，也很令人受不了。

為了不讓我們的孩子遭到他人的白眼，不要錯過孩子散發「感受性」光輝的時刻，請各位好好教導他們。

27 會彈鋼琴的孩子腦筋好

我雖然下了這樣的標題，但並不侷限在鋼琴這種樂器，也包含了小提琴等其他樂器，**與學習演奏這些樂器的所有相關基礎，就是「忍耐力」**。

鋼琴或小提琴和「忍耐力」有什麼關係？會有這種疑問的人應該沒有彈奏過樂器吧？不然就是擁有音樂天分，可以不經痛苦的學會彈奏樂器。您是哪一種人呢？大多數的人天生缺乏音樂天分，如果琴藝要達到爐火純青的境界時，一定要經過一段很辛苦的練習過程。

很多孩子第一次看到別人彈鋼琴的時候，會輕易說出：「我也想要彈彈看！」因為彈鋼琴看起來好像很簡單，手指動一動就會有美妙的音樂，而且好像很好玩。如果只是動一動手指的話，說不定我也可以——因為孩子會有這種感覺，所以才會說：「我也想要彈。」

只要一開始學習樂器，就算是小孩子也能立刻明白，為了彈出美妙的音樂，是需要很多練習的，因為手指不聽使喚，沒辦法馬上看懂樂譜，如果是小提琴的話，連個像樣的聲音也拉不出來。

等孩子領悟到學習音樂不是半調子的事情時，他們就會感到很錯愕，可是已經花錢購買昂貴樂器的父母們，才不會輕易的讓孩子中斷學習。

這下該如何是好？孩子只能忍耐。在學會彈奏樂器，甚至到達可以陶醉於演奏的境界之前，孩子只能忍受痛苦的練習，對於遲遲沒有進步的自己感到惱怒時，也只能忍耐，以及忍耐對老師的怒氣。可以說學習樂器，就是一連串的忍耐。

在23我曾提到：「如果是孩子自己說想做做看的話，總之就先讓孩子試試，要是孩子覺得持續下去會很痛苦，那最好就不要再勉強孩子了。」唯獨學習樂器這件事要另當別論。

為什麼我會這麼說呢？因為父母的投資金額不一樣。如果孩子說想彈鋼琴的話，就得先買鋼琴，想一想後覺得小提琴比鋼琴好的話，就得換買小提琴，因為小提琴很無聊，又想要學豎琴的話，就得要買豎琴……，希望不要有太多具有經濟能力，且又能容忍孩子任性的傻瓜父母。**如果縱容孩子這樣跋扈成長的話，長大後就會變得目中無人，成了一個不懂得忍耐的大人。**光用想的我就覺得很恐怖。

撇開投資金額不說，學習樂器的同時也能學會「忍耐」。因為練習彈奏樂器是培養「忍耐力」的大好機會，所以無論中途孩子變得多麼不喜歡，發牢騷說不想練習，也應該要讓孩子持續下去。

我會這麼強調培養忍耐力的必要性，是因為**念書很需要「忍耐力」**。所有的學習，都會經歷一段必須忍耐辛苦和痛苦，非得要忍耐撐下去的時期，如果能夠克服這段時期，就會覺得念書變得很有趣，覺得念書很快樂，所以在到達這個境界之前，就算很無聊，乏味，痛苦，也只能咬牙一步一步堅持下去。

各位是否已經懂得「為什麼會彈鋼琴的女孩頭腦比較好」的理由了呢？無論如何辛苦，每天都還是繼續練彈，練到能夠隨心所欲彈奏的孩子一定有過人的耐力，這種過人的耐力，是一點一滴累積努力、孜孜不倦學習的源頭。因此，嘗過痛苦轉化為喜悅滋味的孩子，會變得聰明。

剛剛也說了，女孩的學習能力原本就有一種特性：透過一點一滴、日積月累的學習，學習能力會逐漸成長。因此，「就算是無聊、辛苦，總之先持續下去」的忍耐力，是不可或缺的。

再說一次，鋼琴也好，小提琴也好，孩子一開始學習樂器的話，就不應該半途而廢。如果安撫孩子、勸勸孩子後，他還是不喜歡，那麼就算用罵的，也要讓他每天接觸樂器。即使很辛苦，也要盡可能讓孩子養成持續練習樂器的習慣，這樣孩子不但會擁有彈奏樂器的能力，也能培養「忍耐力」，最後還能連帶提升學習成效。

28 擅長購物可以培養「判斷力」

有這麼一種見解：判斷力或決斷力對男生而言很重要，反之，女生就不太需要這些能力。這是因為從前男尊女卑的觀念——「女孩只要默默順從父親或丈夫的決定就好」。不過大家應該知道，時代已經不同了，這種「男尊女卑」的觀念，根本就是上個世紀所遺留下來的思想。

話雖如此，實際上認為「今後女生也得好好表達自我主張」的人，往往也容易說些要求女兒順從的話。「不要滴滴咕咕發牢騷，快照我說的去做！」而且我覺得越是這種母親，越是自我主張強烈。請您再重新想想，「女性只要安靜的順從男性」，和「孩子只要安靜聽從父母的話」，這兩者之間有什麼差異。

不講理、不願意好好傾聽孩子心聲的父母親，他們常會剝奪別人發表自我主張的機會，往往最後教出一個沒有判斷力或決斷力的孩子。

從父母給孩子東西的方式，可以看出這些父母不太讓孩子有機會發表自我主張。這一類的父母多半喜歡「驚喜禮物」，什麼都不說就帶著孩子去餐廳吃大餐，在孩子還沒說想要買什麼東西之前，就先買好給孩子，暑假的旅行和連續假期要去哪裡玩，全部都是父母決定好的……。

吃到事前沒料想到的美味食物或禮物，或是去一個新鮮的地方時，孩子所流露出來的驚喜表情或歡笑聲，對父母來說是種快樂，也是種娛樂。可是如果老是這樣的話，孩子就會把「眼前突然有好東西出現，有好事情發生」當成是常態，還可能會變得習慣。

「自己不用動腦也不用做決定，好東西就會自動出現，好事就會發生」，如果孩子被教育成有這種想法的話，自然而然就變得不會思考，因為多想無益，只要隨波逐流跟著大家，什麼事都不用考慮，就會得到想要的結果。

「不動腦思考」這件事情，就是腦筋運轉不靈活，也就是說會變成笨蛋。

「因為孩子有需求」，不聽孩子的意見就買東西給孩子，帶孩子去某處，這些行為可以說是父母蓄意要使孩子變笨。所以**為了教出聰明好腦袋的孩子，讓孩子自己思考做決定，培養孩子的「判斷力」是十分重要的。**

那麼要如何鍛鍊孩子的「判斷力」呢？

譬如和孩子一起去買東西，就是個很有效的訓練方式，事先和孩子約定「要換季了，去年的裙子已經穿不下了，一起去百貨公司逛逛吧！」等等，雖然幻想和現實是有差距的，可是如此一來，女孩子就會開始有各種幻想。

各位應該也有這類的經驗吧！打個比方，即使只要買一件衣服，也需要購物的「判斷力」，從適不適合自己開始，到和現在衣櫃裡的衣服是否搭配，大概可以穿多久，顏色或質料如何，穿上後看起來比較年輕還是比較老，價格是否合理等等，想得頭都要破了才能做出決定的，就是「購物」。

也讓孩子這樣做做看吧！剛開始的時候，孩子可能會以自己喜歡的顏色、卡通圖案為基準來挑選衣服，這時候要給提供他們一些意見：「這個顏色的衣服不是已經有了嗎？」「你不覺得這個卡通圖案很像嬰兒穿的嗎？」等等，協助孩子修正思考，不過最後還是要讓他自己做決定，然後孩子自然就能從中培養「判斷力」。

最近利用目錄郵購或網路購物的人增加了。的確，在家就可以買衣服，比較能夠冷靜的評估「是否有其他衣服可以搭配」等問題，更重要的是還能節省出門的時間和麻煩，比較方便。

不過從教育的角度來看，我反對這樣的購物模式。實際去店裡摸摸看、試穿看看，想像穿著的場合，最後再決定是不是要買。

對於總是難以做決定的孩子來說，我認為購物的過程是從生活中教導他們「判斷力」的好方法。當然，如果已經明白這些道理，再上網購買的話，就不是什麼大問題。

聰明的購物方式可以培養孩子的「判斷力」，讓孩子變得聰明。為了不要讓孩子變成一個只會空等別人做決定的人，請務必將判斷力的培養納入教育之中。

29 有藝術涵養的孩子，能力進步不可同日而語

我在前一點（28）說明了「『判斷力』很重要」。

那麼到底「判斷力」是什麼呢？**判斷力就是「客觀比較檢討各個事物，收集相關資訊情報，進行綜合評估後所做的決定」**。

與判斷力相反的就是**「直覺力」，也就是「拋開理論，順著自己的心意」**。如果同時擁有「判斷力」和「直覺力」，就是真正的聰明。

我會這麼說的理由是，可以把前一段話所提到的「判斷力」換成「學問」，「直覺力」換成是「藝術」。

「學問」就是對發生在四周的各種事物感到興趣，並且為了明白事情發生的緣由，進行各種驗證，而科學的求知心，就是學問的根本。

「藝術」則是當自己的心情被身邊發生的各種事物所觸動時，為了想將當時的感

覺分享給其他人，所以用各種形態或音樂，來創作、記錄當時的心情。藝術基本上就是一種自我表現。

學問與藝術好像是兩件不一樣的事情，不過它們共同的出發點，都是「想提升自己的行為」。

有人認為「好奇心」對學問很重要，「感受性」對藝術很重要，或是覺得學問可以發展思考，藝術可以發展心靈。無論是哪一種，學問與藝術都可以說是教育的基礎。

教育孩子的時候，學問很容易受到重視，而藝術卻容易被人忽視。

這可是大錯特錯！

我在前面也提到了，比起男孩，女孩是「感受性」豐沛的個體。在女孩的孩童時期，應該很常看到她們對於脆弱的事物有著慈悲心，發現漂亮的東西或美好事物時，眼睛會閃閃發出光芒，著迷心動的樣子。

不過大人會以考取所謂的「好學校」為由，強迫女孩進行填鴨式的學習。放學之後要去補習班，要預習，要複習等等，在進行填鴨式學習的同時，「感受性」的光芒會以驚人的速度消失，這是眼睜睜的在削弱女孩的魅力。

此時，如果能以藝術涵養做為孩子提升自我的手段，那會是多麼棒啊！不管怎麼樣，興趣都是非常重要的。**因為畫畫圖、彈彈音樂這些興趣，都是為了保護孩子不要失去「感受性」的光芒。**

就像我剛剛說的，學習彈奏樂器是一連串的忍耐，如果可以熬過這段時期的話，就能透過彈奏樂器來表現自己，可以努力畫出指定主題的孩子，就能夠將自己的感覺透過繪畫表現出來；閱讀大量書籍，熟悉故事世界的孩子，就能將自己的心情以文筆表現出來。

多年來我指導過許多孩子，我由衷希望所有的孩子都能提升自我，擁有藝術涵養，並以此做為表現自己的一種方式。

看到孩子的成績或偏差值進步，父母會很高興孩子變聰明了，但是不要只著重眼睛所看得到的數字，請各位也不要忽略孩子的「感受性」光輝，或是音樂、繪畫等藝術方面的感性。

不過，藝術的感性並不是放著不管就會自然萌芽的。

徹底發掘孩子還有什麼未開發的藝術潛能，這樣說起來好像有點複雜，不過我認為只要觀察孩子玩耍時的樣子、表情變化，以及每天說話的模樣就可以了。

孩子玩其他遊戲很快就膩了，可是如果給他紙和蠟筆，他可以畫個不停；或是聽到朋友在說練習鋼琴的事情時，孩子臉上就會露出羨慕的表情；還是孩子一聽到音樂就會跳起舞來。從這些芝麻小事中，就可以看出要讓自己的孩子學些什麼才好。

觀察孩子是教育的基本，而可以確實做到這一點的就是「父母」。也就是說父母如果不好好觀察孩子的話，就一定無法教導他們，因為藝術素養這些行為表現，一定要經由觀察才能發現。

所以各位不要過於著重成績單或考試的成績，請再次好好觀察孩子，發掘他們沉睡中的藝術潛能。

30 知道「有人懂我」的話，孩子才不會變壞

讀者看到這個標題會不會想說：「廢話！誰會比父母更懂孩子呢？我家的孩子才不會變壞！」沒錯，我想父母的確是最了解孩子的人。

不過我在這裡想說明的是，這裡所謂「有人懂我」的「人」指的不是父母，也不是兄弟姐妹，而是家人以外的人。

不只是孩子，大人也一樣，人類無論到了幾歲，都需要「有了解自己的人」。可是如果那個人只是自己的父母、兄弟姐妹或配偶的話，也未免太寂寞了吧！

除了親密的家人以外，只要能夠感覺到有人了解自己、認同自己、接受自己，就不會覺得自己是孤單一人，即使發生任何事情，也會湧出堅持下去的力量。

當然這種人也可以是朋友或公司的同事，可是如果關係不太親密的人也了解自己的話，不覺得會更有力量嗎？

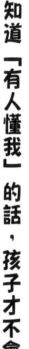

不僅僅是同事，學長姐、上司，學生時代的朋友們、恩師、同一世代的媽媽朋友們、有點年紀的鄰居太太等等，擁有這些「年長的知己」，會讓人心裡覺得踏實，也能從中得到自信。

孩子也是一樣的。照顧自己的父母當然是了解自己的人，可是，家人以外的知己，對孩子來說也很重要。原本最理想的狀況是讓學校老師當孩子「家人以外的知己」，可是大家應該知道，現實中要老師當孩子的知己其實不太容易，有點悲哀……

那麼哪一種人可以成為「家人以外的知己」呢？誰都可以，沒有必要想得很困難。例如，偶爾來家裡玩的父母親、友人，或是住在附近的叔叔、阿姨也沒關係。遇到孩子時，只要能夠親切的問問孩子：「還好嗎？長大了呢！最近過得如何啊？」這種人就可以了。

就算這個人還不到「懂我」的程度，可是孩子只要覺得「這個人認同我的存在，有在關心我」的話，就會覺得很開心。

其中應該也有比較愛說教的人，看到孩子就問：「有好好念書嗎？」「有在看書嗎？」「你要乖乖聽媽媽的話！」這種人講話比較兇，可是如果對孩子是出自於善意的話，也是另一種表達關心的方式。

無論是誰都沒有關係，只要可以親切的和孩子說說話、表達善意的人，就可以當孩子「家人以外的知己」。不過最理想的人還是住在家裡附近的人，像是每天早上上學途中，遇到時一定會互相問好的鄰居伯伯，或是放學回家時會碰到出來遛狗的阿姨說：「放學啦，你今天比較早喔！」這樣的人都是孩子「家人以外的知己」的理想人選。

當然，那個人必須要和孩子的父母有點交情。

雖然最近不和鄰居打交道的人變多了，但是為了孩子，希望您可以重新了解，和附近鄰居保持圓融的人際關係，是非常重要的。

如果要再找到能更進一步了解孩子的人，應該就是在鋼琴之類的才藝班吧！因為沒有人比每週都會碰上一次的才藝班老師，更加適合當孩子家人以外的知己，尤其是鋼琴或繪畫教室之類的才藝班，應該都是父母聽了附近鄰居的評價後，才決定讓孩子去上課的，所以選擇才藝班的時候，不要太在乎「那個老師的技巧很好」「訓練很嚴格」這類的評語，聽聽「老師很喜歡小孩」，「會觀察每個孩子的個性」之類的評價比較重要。

如果可以和了解自己、努力想了解自己的老師每週碰一次面的話，孩子心裡會覺得很有安全感吧！能遇到知己的孩子，他們誤入歧途或精神出現問題的機率就會降低。

當自己發生事情時，會為自己操心，為自己感到難過，或時而為自己抱不平生氣的人，如果有越多人可以這樣關心孩子，孩子就能越健康的成長。這裡有一點很重要，父母本身也要具備社交性，才能增加孩子可以接觸到更多人的機會。

不過應該還是有不擅長與人打交道的父母吧！可是在養育孩子的過程中，父母親有很多事情是自己做不來的，一定需要他人的協助，說要別人賣自己一個人情幫幫忙是有點太誇張，但是各位不妨先和鄰居打交道看看吧！

31 有哥哥的女孩成長較順利

在指導孩子的時候，我發現了幾個「能幹孩子法則」，其中與兄弟姊妹有關的有兩點，第一點是「**姐姐越多的話，男孩就容易變得沒用**」，第二點則是「**有哥哥的女孩比較容易變得優秀**」。

雖然這有點不符合本書的主旨，但我還是先從第一點開始說明。

「姐姐越多的話，男孩就容易變得沒用」——就是老大是女孩，老二是女孩，最後老么是男孩的這種例子。

我想聲明在先，在這種組合中，身為老么的男孩極有可能會變成萬人迷，因為他從小長期和女性相處，知道對付女孩任性的方法，能夠掌握女孩特有的情緒和心思，說是「與生俱來」的能力也不為過。

但另一方面，男孩不可缺少的魄力或決斷力，卻一丁點也沒有。因為對姐姐們來說，弟弟就像是個活生生的洋娃娃，姐姐可以代替媽媽無微不至的照顧弟弟，但其實這種情形並不太恰當。

如果是母親的話，到了某個時期就會注意到「如果再繼續這樣無微不至的照顧這男孩的話，就沒辦法教導他獨立自主的精神」。可是姐姐們畢竟還是孩子，不知道什麼是分寸，無論弟弟年紀多大，還是會一直把他當成小嬰兒，任何事都會先幫弟弟做好，最後弟弟就成了「自己的事情一樣也不會做」「無法為自己決定事情」的男性。

講得比較粗俗點，這種男人長大後就會被稱作「軟屌男」，變成沒用男人的代名詞。

所以，如果女孩底下還有弟弟時，我想要**請各位父母多留意一下姊姊照顧弟弟的情形**。

我非常了解姐姐如果能協助照顧弟弟、妹妹，是幫了父母一個大忙，不過請各位父母注意不要讓姐姐過度照顧。

另一方面，「上有哥哥的女孩」——這樣教導出優秀女孩的例子相當多。我再次聲明，因為這與「男女特性上的差異」有緊密關聯。

女孩對於身旁任何一點小事，都會有非常敏感的反應，能夠發現許多小細節；可是男孩會一把抓起放在比較遠的東西，還會帶回家當成是自己的所有物。

我並不是要說男孩、女孩誰比較好，但如果能同時具備男孩的特性「得到遠方的情報或身旁無法就近吸取的經驗」，以及女孩的特性「注意到身旁容易被忽略的事情」，不用說，就能擁有豐富人生的利器了。

而可以同時具備這兩種特性的人，就是「有哥哥的女孩」。哥哥到遠處去收集各種情報資訊，累積各式各樣的經驗帶回家；妹妹則是可以從哥哥的談話間獲得遠方的情報，並轉換為好像是自己親自收集來的資訊，還能從哥哥的經驗中學到各式各樣的事情，如果是呵護妹妹的哥哥，甚至還會帶妹妹一起去玩，如此一來，妹妹就能獲得一般女孩不易得到的經驗。

像這樣「有哥哥的女孩」，不但可以獲得男生才能廣泛收集到的資訊或經驗，同時也能累積女孩才會發現的各種細微事物，這麼一來不就是如虎添翼嗎？

「有哥哥的女孩」還有另一個優點，就是可以「培養看男人的眼光」。

我無意說「女人的幸福決定在男人手中」這類男尊女卑的瞎話，但是社會上「越是優秀的女性越會招來爛男人」的例子，卻是屢見不鮮。

高學歷且工作能力強的優秀女性，往往會供養沒有謀生能力、只會做白日夢的小白臉，對於絲毫沒有男子氣概的暴力男，這些女性還會自以為英勇的深信：「我不跟著他的話，他會完蛋！」

如果仔細觀察這些例子的話，會發現有很多都是「獨生女或是只有姐妹」的女性，因為她們身旁沒有年齡相仿的男性可以做為參考。我不得不說她們看「男人的眼睛」被矇蔽了。

男性是什麼樣的生物？有哪些優點及缺點？真正優秀的男子該是怎麼樣的人？為了讓自己過得更好，應該要選擇哪一種男性做為人生的伴侶呢？對女孩來說，為了學會做出這些判斷，從小身旁能有年紀相仿的男孩是很重要的，而其中能夠做為最佳參考範本的男孩，就是自己的哥哥或是哥哥的朋友們。

話雖如此，有些家庭應該沒辦法現在就變出一個「哥哥」吧！如果是這樣的話，那麼我建議**從小開始就積極的讓女孩和男生們玩在一起吧！**沒有哥哥、弟弟，甚至連男性友人也不多的話，至少在進入高中之前，可以讓女孩去讀男女同校，讓她們有機會與男孩接觸。可是這樣會不會變成一個粗魯的女性呢？我想強調，日後所帶來的良好影響，足以填補這份不安。

不過我想應該還是有女孩十分討厭男生的粗魯莽撞，如果是這種情形的話，就不要勉強孩子，請選擇讓她就讀女校。

32 「適當的模仿」能開發孩子的潛力

男孩也好，女孩也好，小孩都很喜歡「模仿」，常會模仿英雄或是卡通裡的變身場景或招牌姿勢，親戚朋友等聚會時為了要炒熱氣氛，孩子會被要求「你來表演一下給大家看」。這種經驗誰都有過吧！

但是男孩到了上小學的年紀時，就會開始不再模仿英雄人物，但女孩子會有些不一樣。女孩也不會再模仿英雄或卡通人物，卻反倒模仿起偶像或喜歡的歌手等藝人，其中有些孩子還是會沉迷於卡通（不是幼兒看的卡通，而是比較大一點孩子在看的卡通），並模仿卡通主角的經典台詞。

我覺得孩子會過度沉迷於電視、藝人、卡通，多半是沒有得到父母充分的照顧，特別是模仿藝人、歌手、卡通的孩子，極有可能是心靈寂寞。我前面也提到了，孩子會想模仿，是因為想要吸引四周人的目光，引起注意，所以才會出現「看看我！」的訊號。

因此，**如果您的孩子老是在模仿電視內容，我希望您可以重新檢視親子間的溝通與關係。**

可是我的這一席話，可能會被認為是在全盤否定「學人精」。我絕無此意。

例如，很常聽到一流的運動選手崇拜偉大的前輩，於是從小開始模仿前輩的運動姿勢，就像現在也有許多打棒球的少年會模仿鈴木一郎選手的獨特姿勢，不過，要是孩子模仿龜田興毅（日本拳擊手）說話的樣子，那可就令人頭疼了。在運動方面，如果能效法優秀選手的運動姿勢或練習計畫，那可真是件好事。

特別是女孩子，「模仿這個好像不錯」，具有找到模仿範本的能力。也就是說，**女孩喜歡發現崇拜的對象，並且會有想變得和崇拜對象一樣的傾向。**

如前所述，孩子會想模仿電視裡的偶像、卡通人物也是這種傾向始然。如果找到崇拜的對象或榜樣，而想變得與偶像一樣的能量可正向運作的話，就會產生非常好的結果。

模仿的例子不單單只有剛剛介紹的運動選手。憧憬年長女性的優雅行為舉止而模仿之；欣賞很會彈琴的孩子，試著參考他的練習方式，這些都是很好的例子。孩子會想一直和特定女性友人待在一起的原因，很常是因為想變得和好朋友一樣，所以對父母來說，多製造點機會，讓孩子與能夠帶來良好影響的朋友或小孩相處、看齊學習，是件很棒的事情。

可是，要馬上接觸到「好像可以成為學習榜樣的孩子」，也不是那麼容易，這種時候我反而會建議可以好好利用一下電視。孩子都有各自喜歡的卡通、連續劇、音樂節目、綜藝節目等，如果不加以過濾篩選，就讓孩子觀看這些節目的話，孩子只會變得更沉迷於電視這種媒體中，甚至可能會想藉由模仿藝人來引人注意。

但是運動選手、鋼琴家、畫家等等的生活寫實紀錄片，如果能吻合孩子的興趣，就會是孩子的良好學習榜樣。

看了導盲犬訓練師的紀錄片後，學會和愛犬相處之道的女生，不就是發揮了女孩特有的「想變得和憧憬對象一樣的特質」的結果嗎？

為了提供孩子一邊模仿一邊學習的機會，父母要如何懂得善加利用電視等媒體，並有技巧的找到孩子好奇事物的相關參考。這是件相當重要的事情。

33 相信自己「有人愛」讓女孩更堅強

「各位，您愛自己的孩子嗎？」

我提這個問題好像會被讀者罵說：「問這什麼蠢問題！你想我是為了什麼才看這本書的！」撇除一些泯滅人性的人以外，父母愛孩子是天經地義的事。

那麼我換個方式問吧！

「您對孩子的愛有傳遞給孩子嗎？」

如何？孩子是否有感受到您給他的關懷，並且毫不猶豫、深信不疑呢？

有人認為「就算什麼也不說，還是可以將這份愛傳達給孩子」。真是如此嗎？在現今社會或夫妻之間，「默不作聲並不能傳達任何事情」，不才是真實的情形嗎？各位是否曾悄悄的感受到呢？

「這種事情早點跟我講就好了！」這種話大家是不是也說過無數次了呢？

對待孩子也一樣。「父母疼愛孩子天經地義，這種事情不必說出口，孩子也應該明白」，我只能說身為父母這樣未免有點偷懶。

但我也不是要大家每天都跟孩子說：「我愛你！」這又太假惺惺了。比起這些虛情假意的甜言蜜語，應該有其他能夠傳達關愛之意的言語才是。

男孩的話，「做得真好！」「很努力耶！」「你真行！」這類認可孩子作為的誇獎是不可或缺的，就算最後結果慘不忍睹，男孩也會因為自己努力付出而得到讚美，並從中獲得被認同的滿足感，以及父母一直守護在旁的信賴感，感受到父母對自己的深切關愛。

那麼女孩又該如何呢？當然，對女孩來說，「你真努力！」也是一種有效認同孩子作為的讚美。

不過，我還是要再三強調，女孩在天性上比男孩更為認真。聽到「好努力！」「做得真不錯」，覺得開心的同時，也容易會產生「不努力就無法得到認同」「不加油的話，父母就不愛我」之類的壓力。

結果就會變成孩子強迫自己要達到父母的期許，讓自己痛苦不堪，甚至嚴重到崩潰。這種發生在女孩身上的例子比男孩還多。

那麼，父母該用哪些話語來傳達他們對女兒的關愛呢？

父母只要表達「有你在我身邊，我真的很開心」，認同還未開始努力前的孩子就行了。而實際上不也是如此嗎？只要孩子在身邊，是不是就覺得很幸福呢？請將這個感覺用各種話語傳達給孩子吧！

其實也可以告訴孩子「你本身就是個美好的存在」，只是我覺得這種說法不能完整表達出父母對孩子的關愛。我個人認為在這些表達當中，讓人聽了會覺得很開心的，不就是「你真可愛」嗎？

所謂的「你真可愛」，並不是外表看起來很可愛。當孩子說了體貼的話，做出貼心的舉動，讓人會心一笑的行為，些微的表情變化等，父母都可以發自內心告訴孩子：「你真可愛＝討人喜歡。」所以父母如果沒有認真看看孩子，沒有好好觀察孩子的話，是絕對說不出這類的讚美。

保險起見，先講在前頭。當孩子出現不經大腦或幼稚行為的時候，如果父母還講：「○○你好可愛呀！」這樣就是在把孩子當笨蛋，只會傷害孩子。「你好可愛」並不適用於孩子耍白痴的時候。

父母在適當的時機誇獎孩子「你好可愛喔！」可以給他們「被疼愛」「受關懷」的滿足感，進而讓孩子獲得「做自己就好」的自我肯定感。這種感覺對孩子來說，比什麼都還重要。

因為這點很重要，所以我要再重複一次，能擁有「現在的我這樣很棒」「做自己就好」這種自我肯定感的女孩，無論面對哪些事情，都會有接受挑戰的勇氣。這樣的女孩會覺得「如果是我的話，一定可以辦得到！好！放手一搏試試看」。

您的孩子是不是不敢開始新的事物，屬於畏畏縮縮的類型呢？或是會為了一點小事就心情低落，是遲遲無法振作恢復的類型呢？

以偏蓋全過於危險，但這類型的孩子多半可能是因為缺乏自我肯定感。

「我一定做得到」「我沒問題！」這種沒有根據的自信，也不是想有就會有的，

可是沒有根據的自信也是一種自我肯定感，在必要時刻也能成為一種支柱。

無論是哪一種孩子都會有缺點，也有必須要克服的弱點，雖然想要努力做點什麼改正缺點，但缺點也不是那麼簡單，說改就能改的。**最重要的還是孩子要擁有「我可以做到」「我一定沒問題」的自信，因為這與「做自己就好」的自我肯定感息息相關。**

為了培養孩子的自我肯定感，是不能缺少「有你在我身邊，我真的很開心」「你真的好可愛！」這類讓孩子可以完全接納自我存在的表達。請想想看，這是多麼簡單容易的事情。如果孩子每天都能在這些讚美中成長的話，毫無疑問的，孩子會變得更加茁壯。

比起說幾百萬次「勇敢點」，請務必試看看——誇獎孩子「你好可愛」。

34 會「包在我身上」這麼說的孩子，最後會勝出

「平凡無奇的孩子，從小小的契機中找到『點燃鬥志』的目標，並全神貫注，為了達成目標而努力不懈，最後獲得甜美的果實。」

不覺得最近有很多這類主題的電影或連續劇嗎？

例如運動、音樂、相撲等等，有各種可以令人燃起鬥志的事。而這類型的故事可以感動人心的原因，是因為大家希望能夠擁有「廢寢忘食、全心投入的事情」，以及克服重重難關，「雨過天晴後的暢快感」吧！

我在後面的章節也會說明，為了擁有更美好的人生，是不能缺少興趣的。我堅信擁有越多興趣，人生就能變得更幸福，而興趣也能說是某種特殊的技能吧。

「我會〇〇」，如果能有些專長的話，那麼就有越多機會可以展現自我。如果可以展現自我，同時也能受到讚賞的話，那會變得多麼有自信啊！

請想想看，您是不是也有這種經驗呢？

假設您很會做點心。某天，「下次孩子生日時，我想幫孩子做個蛋糕，可不可以教教我呢？」當朋友這樣拜託您的時候，是不是會覺得很開心呢？

如果被拜託說：「因為你很會畫畫，幫忙畫一下這次家長會文宣要用的插圖嘛！」雖然聽起來有點「被迫要做麻煩事」的感覺，但另一方面，也會因為「擅長畫畫」這一點受到他人肯定而感到開心吧！或是在職場上，「這領域是你的專長，所以想要麻煩你。」如果被這樣拜託的話，不會覺得很開心，而想要努力看看嗎？

不管是誰，無論到了幾歲，當「自己的能力受到他人肯定」時，就會覺得很開心，而且這種喜悅多多益善。對大人如此，對小孩更是如此。

例如班上挑選大隊接力賽的選手時，「能夠代表我們班的只有你了」；合唱比賽挑選伴奏時，「鋼琴伴奏只能拜託最會彈琴的你了」。像這類的事情可以讓孩子更有自尊心，也可以讓孩子對自己更有自信。

可以讓孩子受到肯定的事情，就算很微不足道也沒關係。比方說，擅長刺繡的孩子在自己的所有物上縫了獨創的花樣，或是假日和朋友一起出去時，自己費心綁了一個平常不常綁的髮型。無論什麼事情都好，只要是別人知道後會驚嘆：「哇！你好厲害」的事情就可以了。能夠擁有幾種特殊技能，也是自己的一種榮譽，即使是雞毛蒜皮的事情，只要孩子能驕傲的說：「我很擅長這個！」便能夠讓孩子的人生發光發熱。

我認為，有擅長的事情，有願意全心全意投入的事情，甚至可以因此得到他人的讚譽——這就是一種「自我表現」。

對孩子來說，最重要的是：「我有這個能力」所帶來的自信，以及「這個能力可以讓我發光發熱」「我可以因此受到人們的肯定」的信念，而能讓孩子獲得這些自信與信念的能力，不就是一種特殊技能嗎？

在孩子的世界裡，存在著「那個孩子每次考試都考滿分」「在全國模擬考中常常名列前茅」這類的讚賞，可是這些讚賞很難說是「就是那個（特定的）孩子才可以做得到」，搞不好還會被酸：「什麼嘛！那孩子成天只會念書，也不會打扮一下！」也就是說，每次考試都考一百分這一類的事情，並不能夠做為一種「自我表現」。

一旦發生問題時，可以挺身而出說：「包在我身上！」或是能讓人讚嘆：「你連這種事也辦得到，真是厲害！」可以讓人產生這類反應的特殊技能，會隨著孩子的成長，成為他們重要的資產。

學校或補習班無法培養孩子的特殊技能，只有家長才能夠協助孩子擁有這些能力。

這麼一想的話，每週去補習班四次，或每週去學三、四樣才藝，並從中學會幾項（或者是全部），哪一種比較好呢？每週去補習班四次，接受填鴨式的學習，除了念書其他什麼也不會的女孩，與學習鋼琴、繪畫、茶道、游泳，擁有四種特殊才藝的女孩，將來哪一種女孩會變成比較有魅力的大人，可以擁有更為充實的人生呢？請各位父母再好好思考一番。

35 受小朋友歡迎的女孩全能

讀小學的女生會照料或看顧比自己年幼的孩子，就會被誇獎說：「○○小朋友，你以後會成為一個好媽媽！」這種情形從以前就很常見吧。

對女孩來說，溫柔對待比自己年幼的孩子，受到小朋友歡迎，是件重要的事情，只是近年來大家容易忽略女性這個優點。

「說是這麼說，但這女孩的終極目標，並不是要成為一位好媽媽。」也是有這種意見吧！的確，女孩的人生終極目的，並不侷限於要成為一位好太太或好媽媽，經由工作讓自己對社會有貢獻，用自己的方式實現自我、過著更美好的人生，也很重要。

可是我想告訴大家，「受到年幼孩子歡迎的女孩比較好。」

大家也知道，年紀小的小朋友很任性、不講理，又不會乖乖聽話。

儘管這些年紀小的小朋友很難搞，可是對他們劈頭大罵，強迫他們的話，小朋友就會變得畏畏縮縮，無法強化自己本身的優點和自主性。而另一方面，一直順著小朋友，任由他們牽著鼻子走，只會讓他們變得更任性而已。

如果對象是年紀小的小朋友時，就要好好聽他們說話，了解他們的心情，鼓勵他們，讓他們自動自發，當小朋友自己開始做些什麼的時候，就請在一旁默默守護他們。

您是否發現這些行為中，已經包含了所有人際關係的要素呢？

也就是說，聽到不講理的言論時，也能仔細聆聽的「忍耐力」；能夠了解他人心情的「接納性」，不強人所難並提出建議的「調整力」；能默默守護他人的「寬容性」；還有可以立即想到前述所有能力，並轉化為行動的「決斷力」。可以兼備這些能力的女性，的確可以成為一位好媽媽。

然而這些能力也不僅是身為一個母親所必須要擁有的能力。忍耐力、接納性、調整力、寬容性與決斷力，這些也都是生存在這社會的必備能力。

最近在職場等各種地方，有越來越多「堅持己見，不容更改」「不願傾聽別人的想法」「死不認錯」這種令人頭疼的人。一定有許多人也頗有同感吧！

尤其是「說過」與「沒說」的問題，很容易會演變成大麻煩，彼此爭執著「我的確是這麼說的」「不！我早就說是這樣」，結果事情根本無法繼續討論下去。日常生活中，一定有許多人有類似的經驗吧！

以下純粹是我個人的看法。會堅持「我的確這麼說過，所以我才是對的」這一種人，我覺得很多是畢業於一流大學，擁有高學歷，自以為了不起的人，還有一種「我就是為工作而生，結婚才不放在眼裡」的女強人。

這或許是社會對女性仍存有偏見的一個例子，不過比較兩位條件相當的男女時，人們容易會拿放大鏡去檢視女性，這也是個不爭的事實。

為了消弭日常生活中容易發生的「說過」與「沒說」問題，「自己的確曾經這麼講過，不過可能說明得不夠充分，引起誤會」——像這樣做出讓步的「忍耐力」，以及接納對方意見的「接納性」，找出互相可以接受、妥協方法的「調整力」，這些能力都變得極其必要。雖然經歷無數挫折經驗後可以得到這些能力，不過在現實社會中，這些能力還是相當罕見，即便是人生閱歷豐富的老人家，也有很多固執己見，堅持「我才是對的」不肯讓步的人。

回到剛剛談的「受到年幼孩子歡迎的女孩」。

小孩子也是每天重複著「說過」與「沒說」的問題。世界上有多少孩子可以聽懂並同時接受：「我應該有說過今天不可以去外面玩！」呢？

此時，如果一味堅持「我老早就說了不能去外面玩，所以不行就是不行」的話，只會彼此僵持不下。

所以，父母不能缺少可以立即想到其他有趣替代方案的創意發想力及彈性。例如剛剛那種狀況，父母在當下要能馬上接受「我的確有說過不能到外面玩，可是這孩子忘記了」的事實，以及能夠提出「不然我們就在家玩躲貓貓」等等之類的解決方案，這樣才不會又再和孩子重複「說過」與「沒說」的問題。

其實這也是種可以迴避職場麻煩的技巧。和小朋友一起玩、照顧小朋友，這些過程可以說是讓孩子從小就開始體驗真實的社會。

「會照顧年幼的孩子，受到小朋友歡迎的女孩比較好。」——請大家要能理解，這並不只是「要讓女孩成為一位好媽媽」。

在現今的社會中，無論是要做為一位母親或是社會人士，「受到年幼小朋友喜歡的女孩」，都是蘊含著全能發展可能性的「社會棟樑」。

如果您的孩子有這種潛質的話，請深深的認同她們，並好好栽培她們。不管將來她們從事何種職業，或是成為媽媽，都一定會有美好的未來等著她們。

36 培養孩子用「眼睛說話」的能力

無論是那種父母，對自己的孩子都會動心的覺得他們「好可愛」；不過男孩與女孩的「可愛」是不一樣的。

剛剛也曾稍稍提到，男孩會專注於大人看了只會覺得很無聊的事情上，拚命努力去完成一些很無趣的事情，玩到天黑也不在乎，一刻也不得閒。

現實生活中，有不少人有「我家的孩子真的是靜不下來，而且都不讀書……」之類的煩惱。

可是我認為「靜不下來的模樣」，是男孩子的可愛之處，也是他們的魅力所在，更是他們未來成長所須具備的潛在能力。所以各位家長，我強烈主張，**當孩子還小時，就要下定決心讓他們去體驗各種事物，讓他們忙得團團轉。**

那麼，女孩子呢？剛剛也提到了女孩擁有「觀察半徑五公尺的鷹眼」以及「感受性」，女孩會注意到大人容易忽略的小事，或是在日常生活中發現美好或可愛事物的時候，眼睛為之一亮。

而且女孩對於任何事情不會採取非黑即白的二分法，而是有接受灰色地帶的「接納性」。對女孩子來說，當她們覺得什麼東西「好可愛」時，不就是她們「觀察半徑五公尺的鷹眼」，以及「感受性」這兩種特性呈現的時候嗎？

這些特性是女孩獨有的魅力，也是現代社會所期待能夠調和人際關係的女性能量。因此，為了從小開始培養女孩們細膩的感性，我希望各位女孩們的家長可以提供她們各種培養發展感性的機會。

此外，還可以明顯表現出女孩獨有的優點，就是表情。光靠豐富的表情變化，就能讓女孩魅力四射。女孩開心的話，整個臉都會亮了起來；如果有好事情的話，就會笑了出來；悲傷的時候有哀傷的神情，不甘心的時候會有懊悔的表情。將自己心中的感受透過表情呈現出來，讓人感覺到這女孩率真的個性與豐沛的感受性，也能緩和一下現場氣氛——我認為這才是女孩們擁有的特質。

「豐富的表情比言語更能傳達個人感受。」

常有如此一說。如果女性越是提高聲音、大肆發表自己的意見想法，其他人就會越想與她保持距離。人們會有這種傾向也是無可厚非的事實，說不定這也是日本社會尚未完全成熟的證明之一。

我想大家也有這種感覺，比起毫不修飾的表達自我主張，倒不如用其他各種迂迴的表現方式，如同變化球一般將想法傳達給對方，這樣事情多半能夠進行得比較順利。豐富的表情將有助於「變化球般的傳遞自我主張」。

可是請不要誤會，我的意思並不是「直截了當表達自我主張會吃虧，所以要迂迴地用表情來傳遞想法」。

如果被問到：「想怎麼做呢？」現在有誰能夠接受「嗯……」，然後露出一臉苦惱表情，但不會清楚表達出心中想法的女孩呢？雖然是這樣，「激動、喋喋不休發表自己的意見」的人，也應該無法在社會順利立足。

「這個人話雖然說得很重，但不會令人討厭」「笑咪咪的一針見血講出來」，擁有這些技巧的女性可以應付各種場合——這不正是「變化球般的表達自我主張」嗎？豐富的表情是女孩特有的魅力，也是一種武器，可是這種能力不是一朝一夕就能迅速養成，只能從小開始自然而然的培養。

「你看起來很開心耶！」「啊，發現什麼趣事嗎？現在看起來容光煥發喔！」不要忽略孩子這些細微的表情變化，家長要敏銳的察覺並做出反應，這是讓孩子表情變得豐富的第一步。

當孩子露出開心的表情時，家長也要表現出高興的樣子；當孩子露出哀傷神色的時候，家長也要表現出擔心的樣子。從孩子的表情變化中了解孩子的心情，與他們一同喜怒哀樂。

這樣的話，孩子自然而然就會知道「隨著我的表情變化，四周人們的心情也會跟著改變」。

從小教導孩子「眼睛也會說話」，培養他們利用表情傳達事物的能力，如此一來，孩子就能同時兼具進入社會的利器和魅力了。

37 喜愛「玩扮家家酒」的女孩潛力大

「明明沒有人特別教過，男孩和女孩的遊戲方式自然而然就會不同」——看過幼兒園裡孩子自由玩耍的樣子，不就知道了嗎？

當然，男孩與女孩也常常會玩在一起。不過像是發現爛泥巴的時候，男生就會玩丟泥巴，把泥巴扔來扔去，而女生則會專心搓泥巴湯圓。不知為何，很自然的「男女自成派系」，彼此間也會互嗆：「你們男生很討厭耶！」「你們女生玩那個有什麼好玩的？」當然，如果有男孩也開心奮力的搓泥巴湯圓，也不成問題。

姑且不論這種芝麻小事，大部分的事情都會像這樣自然而然分成「男孩的遊戲・女孩的遊戲」，其中有種遊戲是男孩子怎麼也想不透「到底有什麼好玩的？真是一點也搞不懂」的遊戲，大家猜得到是什麼嗎？那就是扮家家酒之類的「角色扮演遊戲」。

用玩具菜刀、砧板，把雜草切碎後放進去玩具鍋裡，用小小的鍋鏟攪拌攪拌，然後再依人數分成好幾盤，「煮好了，請享用！」……剛開始一同玩耍的男孩，玩到一半就膩了，早就不知道跑去哪兒了。

但是女孩就不同了。女孩可以一直玩類似的遊戲，完全不會膩，像是把洋娃娃當成小寶寶，玩照顧寶寶的遊戲，或是假裝誰生病了，玩病人和醫生的遊戲。角色扮演遊戲可以一直玩個不停。

常有人說：「從孩子玩伴家家酒的樣子就可以知道他的家庭狀況。」老是催促孩子「快點！快點！」的急性子媽媽，她孩子在玩扮家家酒時，也會一直催別人：「快點！快點！」——由孩子玩扮家家酒的情形，可以反映出媽媽的本性，也能看出一個家的吃飯習慣或發薪日前的省錢料理等情形。

所以有些媽媽會想制止小孩「不要再玩扮家家酒了」！請絕對不要這麼做，也請千萬不要禁止孩子玩延伸自扮家家酒的角色扮演遊戲。

「什麼扮家家酒，那不是小朋友的遊戲嗎？你已經是小學生了，可以不要再玩了吧？」爸媽們就別多管閒事，讓孩子玩個開心，因為對女孩子來說，角色扮演類的遊戲是種很重要的遊戲。

大家認為什麼是學習的必要事項呢？可能會有「不就是盡可能多點時間念書，得到許多知識」這類的回答。的確這是一種看法。

那麼「得到許多知識」的定義是什麼？該不會覺得就是「要背很多東西」吧！我說過好幾次了，最能徹底瓦解孩子能力的就是「填鴨、死背的學習」。

那什麼才是學習的必要事項呢？前面也曾提到過，我想就是**「模仿的能力」**。彈鋼琴也好，畫畫也好，運動也好，想要「變得更為拿手」時，最好的方法就是找到比自己更厲害的人並模仿他；可能有人會排斥模仿，但模仿並沒有不好。

為了要模仿，就必須先具備觀察能力：「這個人的做法與自己的做法，有哪裡不一樣呢？」冷靜觀察並從中發現微妙的差異。當模仿達到某一境界時，會自己再動動腦，想想其他可以改善加強的方法：「再這樣加強一下的話，是不是也行得通呢？」

——這種仔細觀察、動動腦的能力、就是學習所需要的力量。

為了培養這種仔細觀察，動動腦的能力，角色扮演遊戲於是派上用場。角色扮演遊戲是孩子觀察自己母親平日的行為並加以模仿轉化的遊戲，也就是說**角色扮演遊戲有著讓孩子邊玩邊培養觀察力的效果**。

「如果我是媽媽的話，我會這樣做。」——孩子會更進一步的發揮想像力，扮演自己心中母親的模樣，如此一來，角色扮演遊戲就和畫畫、彈鋼琴一樣，都是提升自己的藝術類活動，與提升自己的人格及自我成長息息相關。所以說角色扮演遊戲，是種相當重要的遊戲。

另一個不能忽略的效果，就是**可以藉由角色扮演遊戲，了解孩子現在對什麼事物感興趣**。例如：疼愛年幼小朋友的心情正在逐漸養成時，孩子就會把洋娃娃當成小寶寶玩「我是媽媽」的遊戲；或是對超市的收銀櫃檯有興趣時，孩子就會玩「我是老闆」的遊戲。說不定有人對於「我是醫生」的看病遊戲沒有好感，可是卻對打針、聽診器之類的醫療器材感興趣，甚至景仰護理師、女醫生。小孩子會感興趣的事物真是無奇不有。

各位家長要多多觀察孩子，並下點功夫燃起孩子更旺盛的好奇心，讓孩子的角色扮演題材有更廣更深的選擇，如此一來，一定可以增強孩子的創造力。

此外，帶孩子去看芭蕾舞表演，去水族館看海豚表演秀等等，當孩子累積更多新鮮的經驗，就能讓他們的角色扮演遊戲有更多題材可以選擇。

請拋棄「扮家家酒是小朋友才玩的遊戲」「扮家家酒會讓人知道家務事，真難為情」這類負面的想法。為了讓孩子有更多樣的角色扮演遊戲可以玩，希望各位家長能多花點心思，確實掌握孩子的興趣，帶孩子四處走走、看看新的事物，讓孩子的角色扮演遊戲有更多豐富的題材。

為什麼我會這麼說呢？**因為角色扮演遊戲的寶貴經驗，可以讓女孩更加成長茁壯，是提升她們才能的最優質教育。**

38 為了升學而掐斷興趣的萌芽是荒唐的

現代人的平均壽命越來越長，已經是「人生八十才開始」的時代了，這年頭健康的活到九十歲，其實也不足為奇。

那麼，大家要怎麼度過如此漫長的歲月呢？

常會聽到仍在上班的男性說：「離開現在的工作後，我什麼也不要做，要輕鬆過日子。」我想越是天天忙碌奔波的人，越會有這種夢想，可是如果一直無所事事的話……哪天會不會突然覺得厭煩或疲憊倦怠呢？

「找不到應該要做的事」對人們來說是一種不幸，因為「單調乏味」不就是會剝奪人們生存、活下去的力量嗎？

如果這時候能有點什麼興趣的話，不是幫了個大忙嗎？

雖然說是興趣，但並非打打小鋼珠這類賭博的事，我認為興趣必須要能提升自我、表現自我。

例如種種花，做做點心，就可以做為興趣。「如果再這樣加強一下的話，是不是也不錯呢？」「為了要做得更好，還要再做些什麼呢？」會思考這類的問題，並反複實驗測試，檢討失敗錯誤後再不斷的進行調整，最後找到屬於自己的方法——這就可以說是一種透過藝術類活動來提升自我的行為。

而興趣也不限於一種就好，玩玩樂器、畫畫圖、ＤＩＹ、和大自然接觸等等，擁有多種興趣的話，就可以獲得多樣的快樂。

沒錯！有越多興趣的話，就越能擁有幸福人生的保障。

有些人是上了年紀退休後，才開始找尋自己的興趣，或者有人是因為孩子長大了，所以才開始去文化中心看看「是否有可以參與的活動」。我曾和那些人聊過，他們說：「能早點接觸這些活動就好了！」無論什麼事，只要開始做就永遠不嫌晚。不過無庸置疑的是，如果能儘早開始的話，就能夠獲得更多的滿足或充實感。

所以我強烈希望孩子可以去體驗各式各樣的事情，這可以幫助他們灌溉出「興趣的幼苗」。

現在，無論男生也好，女生也好，所有的父母親都會想說，「為了有更美好的人生，希望孩子可以進入好一點的學校就讀。」所以有許多父母從小就讓孩子去補習班，要他們開始念書。

我絕對不會否定這一類的事情，可是這種「只要讀書就好」的想法是不對的。

正在準備升學考試的女孩，她們的父母親很容易犯一種錯誤：「因為要去升學補習班，所以要停止孩子從小開始學習的才藝。」眼前最重要的事就是考上好學校，所以從幼兒園時期開始學的鋼琴、芭蕾舞、游泳等，都因為準備升學考試而中斷掉。

如果您有這類想法的話，請立即調整修正。無論升學目標是錄取率多麼低的學校，而且就算需要更多時間來念書準備，也不要輕言放棄孩子從小就開始學習的才藝，請設法安排時間，讓孩子可以持續下去。各位家長要知道，為了準備考試而限制學習才藝，其實一點意義也沒有，而且會這麼要求的「補習班」，根本就是「詐騙集團」。

罔顧客戶孩子的幸福，優先考量自己的商業利益，真是個沒腦的補習班。

我會這麼說，是因為**孩子可以從學習才藝中培養「自我表現能力」**，**進而提升準備考試的讀書效率**。最近有份調查顯示，多數的東京大學學生會彈鋼琴或拉小提琴，這份調查背後的意義，就是這些東京大學的學生即使一直在學鋼琴或小提琴，還是可以從競爭激烈的入學考試中脫穎而出。這不就是證明了學習才藝並不會影響升學考試嗎？

因為背書而使用過度的腦袋，可以藉由彈鋼琴冷卻下來；因為考試所累積至極限的高度壓力，可以透過芭蕾舞來活動筋骨、舒解壓力。**揮灑汗水，能夠蒸發高張的不安情緒；興趣，可以解放孩子飽受考試壓力煎熬的心靈**。

有不少人相信，長時間綁在書桌前拚命念書，才是學習的不二法門，可是這種方式只會累積壓力，而且效率非常不好。

比起這種念書方式，「讀書讀累了就彈彈鋼琴，利用興趣來放鬆一下，等到心情重新調整恢復後，再繼續念書」，大家應該知道這樣子的學習效果會比較好吧！

我在這本書中提過好幾次，為了教出充滿魅力的女孩，「豐沛的感受性」是不可或缺的元素。

但是「感受性」是保存不易的東西，一旦把背書這類機械性的事物塞進腦子之後，感受性就會瞬間消逝殆盡。我也講了好幾次，死背書的後果就是「腦子裡放入大量的知識，但卻不知道該如何活用，變成一個乏味無趣的人」，或「造就一個自恃就讀於一流學府的獨裁者」。難道您想讓我們的孩子變成這種沉悶的人嗎？

我並不否定要把目標設在進入更好的學校，而且為了從殘酷的考試競爭中脫穎而出，的確有段時間需要好好專注在念書上面。

話雖如此，但並不是要孩子放棄重要的興趣，讓感性變得遲鈍，也不是要眼睜睜地看著孩子身為女性的魅力被剝奪。

我再三強調，如果孩子有什麼興趣的話，請不要以「準備考試」為由中斷孩子的興趣，因為**興趣不但是孩子考試成功的重要因素之一，也是年紀日漸增長後，能度過幸福人生的一個必備條件。**

39 「守護、培育」是女孩教育的關鍵

多年來我遇到許多孩子，和他們接觸、指導他們，並以做作為職業。在與許多孩子諮詢指導的過程當中，我常不禁想：「身為父母的義務與責任範圍是什麼？」

應該沒有人會質疑父母應竭盡所能，讓孩子有個更幸福美好的人生吧！雖然多少有人會不滿先生或太太，但建立和諧的夫妻關係（偶爾也有演一下的必要吧），維持健康的飲食生活及生活習慣，讓孩子好好接受教育等，父母有太多應該要做的事情了。

可是綜觀現今社會，我覺得有不少父母缺乏「要教出對社會有貢獻的人」這種使命感。

「對社會有貢獻的人」，並不是成為位居上位的政治家或政府官員，也不是立志成為能開發出新技術，讓生活變得更便利的學者專家。

其實成為「對社會有貢獻的人」，是件很容易、很簡單的事情。擁有體諒他人的

心，與誰都聊得來，大家相處在一起時可以很開心、很放心。引導孩子成為這樣的人，就是「對社會有貢獻的人」。

在這本書裡，我重複提到「女孩最重要的就是『感受性』『接納性』與『忍耐力』」，以及「擁有許多興趣就是幸福的保證」。

這絕對不是因為「女孩子只要可愛就好，成為一位好母親才是最重要的」。

我希望各位家長能把教育出**「和誰都能聊得來，也能緩和現場氣氛的人＝對社會有所貢獻的人」**做為目標。

因此，相較於只有發展智能，培養女孩應該具備的感受性、接納性、忍耐力，其實更為重要。

但是這些能力並不是經由教導就能擁有的。要求孩子「請加強感受性」，並無法培養孩子對萬物能有感動，家長應該要做的是好好觀察孩子，不要忽略孩子已展露的長處，要持續培養之，並要注意不要潑孩子冷水，傾全力教育他們。

當然，父母也不能偷懶，要多花點時間、下點功夫，引導孩子多接觸藝術，讓孩子不分男女老少，可以多親近他人，加強他們的感受性、接納性以及談話能力，如果還能好好守護孩子剛萌芽的興趣、能力，並加以細心栽培，我認為這就是最棒的教育。

這邊要請各位注意的是培養忍耐力的方法。

從一般日常生活中，孩子可以藉由讀書或生活習慣的培養等等，來鍛鍊增強忍耐力，父母親可能不太需要特別費心讓女孩去忍耐某些事情，因為女孩有著比男孩更能忍耐的傾向。

但是，我常見到忍耐過頭，結果失去原本擁有的感受性，或是情緒缺乏變化，變得冷感的孩子。

「這是怎麼一回事呢？」這種出自於好奇心的單純疑問，或注意到微小事物美好的感受性，都是填鴨死記式學習的剋星。也就是說，填鴨式的教育會剝奪女孩子的感受性，請各位要再次清楚明白這一點。

我也說過，努力不懈的學習，一點一滴的累積實力，是女孩子增強學力的祕訣。

此時很重要的是要給予女孩「你好努力！」「做得真棒！」之類的讚美。之前我也曾提到，不要給孩子過多的壓力，有技巧的認同孩子的努力付出，這樣一來的話，女孩就會感到開心，想要再多加加油，同時還能學到善解人意或注意細節的重要性，以及設身處地為他人著想的體貼。

父母給予孩子的讚美，在日積月累後，可以培養出孩子的感受性、接納性與忍耐力。

在家人的呵護下，小心翼翼培養自己原有潛力的孩子，長大後會變得更加開朗，而活潑開朗的孩子會散發出生氣勃勃的能量，這種正向的能量又能讓周圍變得更有朝氣，讓氣氛變得更好，不覺得這樣就是種傑出的「社會貢獻」嗎？

死氣沉沉的歐巴桑和充滿朝氣的歐巴桑，大家一定會比較喜歡後者。雖然歐巴桑的「過度聒噪」是種「社會問題」，不過如果能多留意控制一下，同時又擁有開朗性格，應該會是個廣受大家歡迎的歐巴桑吧。

清楚自己可以樂在其中的事情，用自己的感受性感覺各種事物的孩子，會主動與初次見面的人積極攀談，也能夠發表不任性固執的自我主張，而且不會被他人的意見所左右，不會委由他人做出判斷，能夠自己自動自發。

社會從很久之前就在期待女性能夠擁有「自主性」，而且今後社會一定也希望女性具備能夠為周圍人們帶來好心情的「協調性」和「活潑」。

有許多人認為，「不仰賴男人生存的經濟力」，是女性今後的必要能力，這種看法倒也無妨。但是不管在哪種場合，具備身為女性的魅力比什麼都來得重要，無論您的孩子未來是要成為女強人或是全職的家庭主婦，其實都一樣，請不要忽略孩子正在發育中的「魅力幼苗」，希望各位爸媽可以好好用心栽培之。

40 「感受力」來自感受的心情

人生的終極目標有兩個：一個是「持續健康成長」，另一個是「世代傳承」。這裡的「健康」，也可換說是「健全」。

所謂美好的生活，就是開心的生活，不是有錢或有崇高社會地位的生活，才稱得上是美好的生活。所以不管做什麼都好，只要能夠感覺到一點一滴在進步或改善，人生應該就不會有特別不幸的事情。

現在日本女性的平均壽命大約是八十五歲，我想這個數字之後還會再成長，如果身體健康的話，可能活到近百歲還行動自如。不管怎麼樣，過了六十歲之後，極有可能還有三十多年的活動時間。

這三十多年的活動時間應該足以成就一件事情，如果是去工作的話，也可以再累積一筆為數不少的金額。所以說「勞動」是種為了他人所存在的偉大社會活動。

因為「勞動」賦予人們存在於社會的必要理由，所以說，為了六十歲之後的生活，由過去累積至今的各種智慧或技術，就會變得更加重要。

就算年事已高，可是還能夠不與社會脫節，為家人做點什麼，或者可以當他人諮詢商量的對象，成為一個受人尊敬的人，一直保有能為他人做些什麼的力量——這就是老年的理想吧！

現在的我，隨著年齡日漸增長，也對此頗有同感。對社會有所貢獻的高齡者，多半具有相當過人的智慧，不過這也不是絕對的，有些「健康長大」的人，年紀大了會變得糊塗，但也有反而變得聰明，藝術造詣也隨著年紀增長而更上一層樓的人。因為年紀大的人，有他們經年累月的智慧，所以對於好的事物，高齡者可以憑著他們過往的經驗直截了當的說「好！」

除了一些怪人以外，大家應該都會覺得花很美，也可愛，所以有很多高齡者會喜歡花、種種花，這是因為他們已經從多年來的經驗中獲得感受性的緣故。

所以說，**體驗各種事物後所得到的智慧，以及領悟感受的心靈和身體健康，是很**

重要的。

回到孩子的話題上。我想說的是，漫長人生的幸福，其實不就是奠基在二十歲之前的教育環境嗎？

感受性也好，身體也好，大家在孩童時期所經歷過的事情都會變成未來的基石。

近年來女性開始進出社會，很多女性會覺得只要願意去做，幾乎沒有做不到的事情。類似的狀況最近也能在女孩身上看到，例如讓女孩去參加考試，她們多半可以得到優秀的成績，而且她們優異的表現還會比男孩來得搶眼。

隨著這股時代潮流，女孩的母親會把自己未完成的夢想寄託在女兒身上。為了讓女兒獲得「更高的學歷」「不輸給男性的社會地位」，因此母親容易要求女兒「去念書」「考個好成績」。是啊！剛剛提到那些進出社會的女性已經證明了「有志者事竟成」的道理，所以這並不是空口說白話。

可是在念書和考試上過度貫徹「有志者事竟成」這個理念的話，孩子就變得只會死讀書，成為一個感受性發育不全的女性。

感受性發育不全的女性們無法和周遭的人相處融洽，也很有可能無法成為一個成熟的大人，另外，即便她們可以好好在職場上發揮能力，也會因為過於專注在工作上而限制了交友範圍，沒有機會認識風趣的男性，結果錯過了適婚年齡。

就算單身未婚，可是具有豐沛的感受性，擁有藝術等眾多興趣的女性，工作說不定也處理得很好。如果是這樣的話，就算沒有完成「世代傳承」，日子也可以過得很充實吧！不過我還是要請各位不要忘記，工作的基礎是建立在二十歲前所專注的事物上。

剛剛提到了「感受性也好，身體也好，大家在孩童時期所經歷的事情，都會成為未來的基石」，也說了「只會背書的孩子，他們的感受性在開始發展前就會被扼殺。將來長大，也容易錯過適婚年齡」所以這類的女孩不容易成為母親，而且也很難有個充實的工作生涯，和缺乏「創造力」的高學歷男性很難成為父親，對於工作也很難有滿足感，是相同的「症狀」。

曾經將自己的夢想寄託在女兒身上，「因為今後女孩子必須要擁有高學歷，所以你趕快去讀書」會這樣要求孩子的母親，即使女兒獲得了社會地位，母親會滿足於女兒尚未完成「世代傳承」的人生嗎？哎呀，哪裡會滿足？常看到許多例子是媽媽又會照著自己的想法，繼續無止盡的要求女兒：「快去結婚！」、「快生小孩！」

媽媽永遠無法接受女兒的人生，真是個悲劇。

女孩子已由過去令人詬病的男尊女卑價值觀中解放出來，人生已經升級到可以隨心所欲去做自己喜歡的事情，可是，如果女性太投入於工作中的話，就會像從前的男性一樣，忙到沒時間去做別的事情。玩過頭也一樣。

「世代傳承」是件非常辛苦的工作，無論是多麼獨立自主的人，沒有他人協助的話，也是無法完成的。在完成世代傳承前，首先要認識未來的丈夫並與他結婚，因為要兩個人來一起完成世代傳承，所以在這種情況下，幾乎不可能放任自己任性一輩子，也就是說，為了能夠順利完成「世代傳承」，擁有接納他人感受的智慧，是十分必要的。

近年來，十分前衛的男女平等主義者主張：「選擇結婚的人，就不是男女平等主義者。」原來如此，從世代傳承的角度來看，或許是有點道理。

本來「男女平等主義」的目的，不就是要追求女性的特質，實現女性終極的幸福嗎？如果真是如此的話，我想這就不是要與男性對抗，而是要努力鍛鍊自己的女性特質。我相信「培養女性氣質」與「感受性」有深刻的關係，而為了培養女性特有的「感受性」，不就需要體驗當母親的過程嗎？

拒絕成為母親的女性，如果沒有豐富的情感或文學感受性，很難成為一個「成熟的女性」。我想對於缺乏媽媽經驗的女性而言，應該不容易明白「接納」這個詞彙的意義。

我在另一本《媽媽這樣做，男孩會不同》一書中提到，受到好奇心驅使、採取行動，累積各式各樣的經驗，這些都與男性的幸福息息相關。而這次我想寫關於女孩教育的事情，所以我一直在想，有什麼是男性沒有但女性有，而且還贏過男性的東西？那就是「感受性」的程度。如果單說「感受性」不太好理解的話，或許也可以說是感覺身邊事物「很可愛」的能力。

如果只是以「感受性」來比較的話，大多數的男性都會輸給女性一大截。

不過，男性能以「幽默感」勝過女性；可是，如果女性對男性的「幽默感」沒有「反應」的話，那男性就幾乎沒有必要發揮幽默感了。與其被自己的男性友人誇說的很有趣，男生們似乎更想以「風趣男」的一面來吸引女性；這麼一來，對男性而言，比起自己的親生母親，懂得自己幽默風趣的女性，是比較令人開心的存在。

為了能夠感受對方，接受對方，首先要先了解自己，清楚自己是獨一無二、無法被取代的。

還有，除了自己存在的重要性之外，能夠接納對方的存在，找到真正適合自己的理想伴侶，加深彼此的愛情——我認為這些都是要讓「世代傳承」可以開花結果的基礎，而最後也可以獲得心靈上一直在尋找的自我人生「充實感」。

「我思故我在」是男性的想法，女性是「我感覺故我在」。日本古文中的「AWARE（感知）」，一開始應該是女性用語。

這也就是為何女孩的教育裡不可缺少「感受性」的觀點。

如果女性想要有個充實的人生，就必須要擁有「感受性」。各位是否已經明白這

一點了呢？

而為了培養女孩的「感受性」，當然母親也得要擁有豐沛的「感受性」。因為母親的「感受性」優於父親，所以就由母親來負責「感受性」的教育，可是如果媽媽缺乏「感受性」的話，那該怎麼辦才好？

只有感覺敏銳還不夠，也要有能顧及他人情況並感受的能力。能夠守護與培養這種能力的只有父母而已。

「世代傳承」已經不是大家各自背負的使命，促進「世代傳承」也就是所謂的「繁衍」，已是社會全體的期望，尤其在今後的少子化社會中，對於「世代傳承」的期待會變得更為強烈吧。

無庸置疑的，隨著夫妻人數的減少，連帶著下個世代的人數也會隨之逐漸減少。因此，守護與教育女孩的「感受性」，變得越來越重要。我猜想應該也有很多家長注意到這一點了，這是因為社會開始追求完整的「世代傳承」，不就是一種人類天然的預兆嗎？

在「感受性」變得越來越重要的時代裡，少子化社會的現狀，也跟著開始改變這個世界。為了因應這些變化，教育也開始從社會學、生物學、教育環境設定學等層面著手調整，真是個有趣的自然變化。

自然法則定律日漸式微的今日，卻有許多父母開始注意到「感受性」的重要——我想這就是人類「想要守護下個世代」的一種本能表現。

後記

各位讀者，十分感謝您閱讀本書。

在這本書前身的單行本之中，我以教育環境設定顧問的多年經驗，說明了隨著女性開始進出社會，女性以獲得高學歷、高能力為目標，不過這些目標卻剝奪了女性過多的時間與勞力，鈍化女性特有的感受性能力，這麼一來，不就是削減了身為女性的人生幸福嗎？念書的確也很重要，可是念書不也就是要維持感受性嗎？

我在單行本的後記一文中寫了下列這段文章。

論好奇心的話，男性絕對不會輸給女性，但有一個男性無法與女性匹敵的優點——不就是女性自己可能也不知道的「感受性」嗎？

女性可以稱為寶物的「感受性」，應該更有自覺的活用在教育上。

這也是本書的中心思想。

在自然環境首屈一指的日本，潛在著可能最具高度感受性的母女們，這一段話是我要寫給她們的。

你們的人生中會有段感受性快速成長的時期，所以忙於念書的時候，也請不要忘記「好可愛！」「好好吃」的心情，繼續培養感受性。

看見自然的美麗風景會說：「好漂亮。」而不會說：「好可愛。」

就算不小心口誤，也不會有人說：「富士山好可愛」吧！

但是，小花、小鳥、小動物就是可愛。

「可愛」，會用在脆弱的生命個體。

「可愛」，也就是其存在自身，或多或少也是認同其存在本身的形容詞。

有能力感覺「可愛」這件事，就是可愛。

能感覺到「可愛」就是可愛的人……。

女性可以一直說服我們男性到最後，就是男性覺得女性「可愛」的時候。擁有

「可愛」特質的女性們，我希望你們今後也要更加珍惜這個特質。

女性覺得「男孩真有趣」的話，男性也會覺得「女孩真可愛」——無論男女都想成為這樣的人。

最後，我還想引用一些單行本的後記。

「《媽媽這樣做，男孩會不同》如果是出自於男性的『教誨書』，那麼《媽媽這樣做，女孩會不同》一書也可以作為男性寫給女孩的『請願書』吧！因為男性就是這麼真心希望女孩可以變得更好。」

如果這些想法能夠傳達給各位的話，就是我的榮幸。

文末，感謝編輯本書前身單行本的扶桑社田中亨，撰稿者堀田康子以及其他相關人員。另外，也謝謝協助發行這次文庫本的扶桑社光明康成與秋葉俊二，以及NoahBook挪亞書房的梶原秀夫。當然，最由衷感謝的還是購買本書的各位讀者。

國家圖書館出版品預行編目資料

媽媽這樣做,女孩會不同 / 松永暢史作 ; 吳怡柔譯. -- 修訂2版. -- 臺北市 : 新手父母出版
城邦文化事業股份有限公司出版 : 英屬蓋曼群島商家庭傳媒股份有限公司城邦分公司發行
2022.10
面 ; 公分 譯自 : 女の子を伸ばす母親は、ここが違う!
ISBN 978-626-7008-26-3(平裝)
1.CST: 親職教育 2.CST: 子女教育
528.2 111014603

媽媽這樣做，女孩會不同【好評修訂版】

作　　者／松永暢史
譯　　者／吳怡柔
選　　書／梁瀞文
主　　編／梁志君

行銷經理／王維君
業務經理／羅越華
總 編 輯／林小鈴
發 行 人／何飛鵬
出　　版／新手父母出版　城邦文化事業股份有限公司
台北市中山區民生東路二段 141 號 8 樓
電話：(02) 2500-7008　　傳真：(02) 2502-7676
E-mail：bwp.service@cite.com.tw
發　　行／英屬蓋曼群島商家庭傳媒股份有限公司城邦分公司
台北市中山區民生東路二段 141 號 4 樓
讀者服務專線：(02)2500-7718；(02)2500-7719
24 小時傳真服務：(02)2500-1990；(02)2500-1991
讀者服務信箱：E-mail：service@readingclub.com.tw
劃撥帳號：19863813　　戶名：書虫股份有限公司

香港發行所／城邦（香港）出版集團有限公司
香港灣仔駱克道 193 號 東超商業中心 1 樓
電話：(852) 2508-6231　　傳真：(852) 2578-9337
E-mail：hkcite@biznetvigator.com
馬新發行所／城邦（馬新）出版集團 Cite(M) Sdn. Bhd. (458372 U)
11, Jalan 30D/146, Desa Tasik, Sungai Besi,
57000 Kuala Lumpur, Malaysia.
電話：(603) 90563833　　傳真：(603) 90562833

內頁設計、排版、插圖／翁秋燕
封面設計／鍾如娟
製版印刷／卡樂彩色製版印刷有限公司

2014 年 05 月 22 日初版
2018 年 12 月 25 日修訂版
2022 年 10 月 4 日修訂 2 版
定價／ 350 元

城邦讀書花園
www.cite.com.tw

ISBN 978-626-7008-26-3
EAN 978-626-7008-26-3